自己分析論

高橋昌一郎

光文社新書

はじめに

「自己分析って、何ですか?」

「自己分析は、どうすればいいんですか?」

「自己分析なんて、やる意味はあるんですか?」

これまでに数えきれないほど何度も、このタイプの質問を大学生からぶつけられてきた。その都度、質問者の意図を汲み取りながら、さまざまな受け答えをしてきたわけだが、今後は即答できるので、楽になるはずである。

「その答えは簡単、私の書いた『自己分析論』を読めばいいんだよ。自己分析について、あらゆる視点から重要なポイントをまとめておいたからね」と返事をすればよいのだから……(と、うまくいくことを願っているのだが……)。

初めて「自己分析」の意味を尋ねてきたのは、カラフルなワンピースを着た学生だった。

その服装が「自己分析」という言葉とかけ離れたイメージだったので、今でも覚えている。もう二五年以上前の話で、当時の彼女は大学三年生で二〇歳になったばかりだから、今では四五歳を超えているだろう。

「自己分析？　それは、どういう意味の自己分析？」

私はアメリカの大学と大学院に留学して、アメリカの大学の専任講師となり、その後、日本の大学の助教授として赴任したばかりだった。つまり私は、日本で就職活動を経験したことがなく、就活生が志望企業にエントリーする段階で「自己分析」を求められることさえ知らなかった。だから当時、「なぜこんなカラフルなワンピースを着た学生が、ソクラテスのような質問をするのか」と、大いに謎だったのである。

その後、日本の大学でゼミや演習を担当し、卒業論文を指導するようになると、卒業後の就職や将来について相談に来る学生が多くなった。私は専任校に加えて、首都圏の一二の国立大学や私立大学で兼任・非常勤講師を務めてきたが、偏差値レベルや専攻分野に関わらず、どの大学のどの学部の学生も同じように「自己分析」の対処に苦慮していることを知った。

そこで彼らの疑問に答えるために「自己分析」について、いろいろと研究せざるをえなくなった。そして、いつの間にかその成果が蓄積されて、ついに一冊の『自己分析論』を上梓するに至った次第である。

これまでの私の経験によれば、日本の多くの大学生や社会人が「自己分析」に抱いている疑問や悩みは、およそ次の三種類に分けられる。

第一に、就職活動においては、自分がどのような人間かを認識していなければ、どんな仕事に就きたいのかわからないし、もちろん「自己ＰＲ」もできない。志望企業が決まれば、その企業が求める人物像と自己像のギャップをどのように埋めればよいか、どこまで自分をさらけ出してよいのか、どの部分で自分を飾るべきなのかと、さまざまな「具体的対策」について疑問が生じる。

第二に、就職活動が進むにつれて、人間関係の中で自分をどのように表現すればよいのか悩み始める。面接でうまく自分を表現できない、グループワークで自分の立ち位置がわからないといった状態で時間だけが過ぎていく中で、ますます「自分らしさ」が見えなくなる。異なる業種の面接で異なる自己像を演じているうちに「自己アイデンティティ」が揺らいでしまうケースも少なくない。

第三に、就職活動が終われば、とりあえず目先の目標は達成される。ところが、実際に社会人生活が始まると、自分で選んだはずの仕事がおもしろくない、自分の得意なことを会社で活かせない、自分が期待していた人生と違うといった不満を抱くようになる。勤務先でのストレスに押し潰されて、退職や転職を考えるケースも出てくる。そこで改めて「自分とは何か」と本格的に悩み始めるわけだが、むしろこれがソクラテス的な「いかに生きるべきか」という哲学的思索の出発点といえるかもしれない。

本書の目的は、これらの三種類の疑問や悩みにどのように対処すればよいのか、多彩な論点に焦点を当てて議論することによって、読者自身がうまく「自己分析」できるようにサポートすることにある。

第1章の「就職活動における自己分析」では、就職活動で直面する諸問題を具体的に解説し、第2章の「人間関係における自己分析」では、実際の自己分析ツール使用例と心理学における性格分析の意味を検討し、第3章の「人生哲学における自己分析」では、ソクラテス以来の哲学における「自己」の見解についてさまざまな角度から考察する。

いわゆる就職活動対策用の「自己分析」ノウハウ本やワークブックは数多く出版されているが、本書のように三つの異なる視点から「自己分析」そのものに深く踏み込んだ書籍は、他に類を見ないものと自負している。

本書は、「文学部A・法学部B・経済学部C・理学部D・医学部E」の五人組が、大学三年生になって就職活動を開始する場面から始まる。彼らが、第1章では「就職アドバイザー」、第2章では「心理カウンセラー」、第3章では「科学哲学者」に疑問をぶつけてディスカッションが始まり、その流れの中で、三種類の悩みに対する多種多様な見解を披露する仕組みになっている。読者の皆様には、臨場感を味わいながら、彼らと一緒に議論をお楽しみいただけたら幸いである。

本書が対象とするのは、これから就職活動を始める大学生はもちろん、すでに仕事に就いている社会人や未来に目を向ける高校生を含めて、「自分とは何か」に関心を持つ、あらゆる読者である。本書の「自己分析」の議論から、きっと何か、これまでに気付かなかった新たな視点が浮かび上がるに違いない。本書が、読者の真の「自己」発見に少しでもお役に立てば幸いである。

目次

第3章 人生哲学における自己分析

第1章
就職活動における自己分析

就職セミナー

就職アドバイザー　ようこそいらっしゃいました。この就職セミナーは、大学三年生を対象に、皆様の夢を叶えるお手伝いをするために開催しております。[1]

就職活動は大学四年生になってから開始すればいい、などとお考えのような呑《のん》気《き》な学生さんは、まさかここにはいらっしゃらないでしょうね？

もちろん、大学四年生の春から就活を始めて、第一志望の企業から内定を得ることができるような人もいます。が、それはごく少数の超エリート、あるいは海外ボランティア活動や留学といった特殊な理由がある大学生だけでしょう。

現代の日本の「大学新卒採用」制度では、大学三年生から就活を始めるのが一般的です。そして私は、これまでに数万人以上の大学生を志望企業に送り込んできました。テレビやラジオの番組にも何度も出演しておりますが、その際には「カリスマ就職アドバイザー」として、ご紹介いただいております！

本日は、桜が満開。今から二年後の春、皆様が一流企業に就職して、人生の桜も満開となりますように、私としては「フンコツサイシン」、サポートさせていただく所存です！

経済学部Ｃ　「フンコツサイシン」って、何だっけ？

文学部Ａ　「粉骨砕身」でしょ。「骨を粉にして、身を砕く」意味から転じて、骨身を惜しまずに力の限り尽くすということ。

就職アドバイザー　そのとおり！　この言葉の由来も、ご存じですか？

文学部Ａ　出典は、古代中国の唐時代、禅宗の経典『禅林類纂《ぜんりんるいさん》』に登場する「粉骨砕身も未だ酬《むく》ゆるに足らず、一句了然として百億を超《こ》う」という教えです。

「骨を粉にし、身を砕く」ほど尽くしても、無限の仏の恩義に報いることはできない。といっても、これは反語ですから、「仏の恩義に報いるためには、骨身を惜しまずに力の限り尽くさなければならない」というのが真意になります。

ちょうど先週の「中国思想論」の授業に出てきた故事成語なので、よく覚えていただけなんですが……。

就職アドバイザー　いえいえ、すばらしい！　単に故事成語を暗記しているだけではなく、その出典や背景についての教養があれば、就職面接の際、そういう話の流れになっても、大いに盛り上がるはずです。

経済学部Ｃ　私は、故事成語とか慣用句とか、すごく苦手なんですが、やはり勉強しておかなければならないんでしょうか？

就職アドバイザー　それは、ご希望の職種にもよりますが、いずれにしても大多数の企業が「就職採用試験」を課していますから、言語・非言語・英語などについての幅広い一般教養があるに越したことはありません。

　就職採用試験の内容も企業によって異なりますが、とくに出版・新聞・テレビ・広告のようなマスコミ業界は、志願者に高度な国語力を求めていますから、当然のことながら難易度の高い問題が出されることもあります。

法学部B　難易度の高い問題とは、具体的に、どんなタイプの問題ですか？

就職アドバイザー　たとえば、出版業種を考えてみると、次のような「難読漢字」問題が出題されていますね。[2]

> 講談社
>
> 二〇一九年度入社採用筆記試験［抜粋］
>
> 次の漢字のよみがなを書きなさい。
>
> ①　河馬　②大臣の更迭　③訥々と話す　④長年の蟠り　⑤窘める

経済学部Ｃ　①は「カバ」でしょ。②は大臣の「こうそう」だっけ？
文学部Ａ　違うよＣ子、「こうてつ」。これは間違えやすい頻出問題。
③は「とつとつ」と話す、④は長年の「わだかまり」。
経済学部Ｃ　さすがにＡ子は文学部、よく読めるね。それで、⑤は？
文学部Ａ　それが、ちょっと出てこなくて……。
理学部Ｄ　⑤は「たしなめる」でしょ？
文学部Ａ　そうそう、そうだった。Ｄ君、完全に理系の人なのに、すごい！
理学部Ｄ　あははは、よく実験でフラスコを割って、先生から窘められてばかりだからね。
就職アドバイザー　今日お集まりの皆様の実力は、すばらしいですね！
それでは、次のような「一般常識」問題は、いかがですか[3]？

二〇一九年度入社採用筆記試験［抜粋］

講談社

1．二〇一六年開催のリオデジャネイロ・オリンピックから七人制ラグビーとともに正式種目とされたのは、次のうちどれか。
①スカッシュ　②トライアスロン　③ゴルフ
2．花鳥画を得意とし、特に「群鶏図」など鶏を好んで描いた江戸時代中期の画家は、次のうちどれか。
①円山応挙　②伊藤若冲　③鈴木春信
3．茶葉に含まれる食物由来の渋み成分はどれか。
①オルニチン　②リコピン　③カテキン

医学部E　リオのオリンピックから始まったのは「③ゴルフ」、鶏を好んで描いたのは「②伊藤若冲」、茶葉の渋み成分は「③カテキン」でしょう。

就職アドバイザー　全問正解！　どうして、おわかりになったんですか？

医学部E　偶然ですよ。父がゴルフ好きだから、リオのオリンピックで種目に選ばれたことを喜んでいたし、祖母が日本画を習っていて、家の床の間には伊藤若冲の掛け軸が飾ってありますから。贋作かもしれませんが……。

カテキンは「有機化学」の授業で扱いました。天然由来の有機化合物フラボノイドの一種ですが、とくに植物のポリフェノールが誘導体となった渋み成分を「茶カテキン」あるいは「タンニン」と呼びます。

理学部D　「カテキン」だけでは必ずしも「渋み成分」と断定できないから、この問題の正解は「茶カテキン」あるいは「タンニン」にすべきだったのでは？

経済学部C　でも、それだと、すぐに正解がわかってしまうじゃない！

医学部E　他の二択が、しじみ貝に含まれる「オルニチン」とトマトに含まれる「リコピン」だから、おそらく問題作成者は、栄養学的な分類を想定していたんだろう。厳密に言えば、ちょっと気になる言葉使いだけど……。

法学部B　あれっ、E君は医学部だから、卒業はまだ先だよね？

どうして就職セミナーにいるの？

医学部E　あはははは、バレたか！

実は、将来の参考のために聞いておこうと思って、潜ってみたんだよ。君たちとは「哲学ディベート」のセミナーでも一緒だったし……。

就職アドバイザー　どうぞ、ご参加ください。いずれ医学部医学科の皆様とは、臨床実習先とのマッチング専用の研修セミナーでお会いすることになると思いますが。

法学部B　僕は司法試験を諦めて就職することにしたけど、E君は医師国家試験を受けるんだよね。どういう履修の流れになっているの？

医学部E　医学科は、一年次から六年次まで、ほとんど必修科目ばかりだから、いろいろな科目を自由に選択できる君たちが羨ましいよ。

　とにかく六年間はレールに乗って、徹底的に医学知識を詰め込まれ、試験と実習の連続をこなしながら突き進む感じかな……。

　一単位でも落とすと進級できない仕組みになっているから、すごく厳しいよ。

経済学部C　一単位落としても進級できない？

　私だったら、とてもムリだわ！

医学部E　いわゆる一般教養科目は一年次で終わり。二年次には「早期体験実習」があって、僕は新生児内科に配属されたんだけど、思った以上に長時間の激務で、実際の医療現場がどんなに大変なのか、まざまざと実感させられた。

　三年次に「基礎医学」、四年次に「臨床医学」、五・六年次に「臨床実習」。六年次の二月に医師国家試験がある。これに合格して医師免許を取得しても、その後の二年間は「初期臨床研修」を受けなければならない。その研修を終えてから、ようやく病院に就職できるんだ。

法学部Ｂ　一人前の医師として認められるようになるまで、八年か……。人命を預かる医師になるためには、それだけ大変な試練に耐えなければならないんだね。

経済学部Ｃ　医師は、内科とか整形外科とか耳鼻咽喉科とか、専門が細かく分類されているでしょう。それはいつ決めるの？

医学部Ｅ　専門をどうするか、志望を絞っていくのは四年次から五年次にかけてだけど、その前に一通り、基礎医学科目を修得しなければならないからね。

　たとえば内科といっても、呼吸器内科・循環器内科・消化器内科・神経内科・感染症内科と細分化されていて、医学生は、それらの基礎医学すべてをカバーしてからでないと専門に進めないから、大変なんだよ。

経済学部Ｃ　でも私は、Ｅ君が羨ましいな。医師になるという目標が決まっているから、それに向かって突き進めばいいわけでしょう？

　私なんか、何万もある企業のどこに行けばいいのか、何をどうしたらいいのか全然わからないのに、もう業界を選ばなければならない段階になっているんだから。

法学部Ｂ　しかも、いくらこちらが選んで希望したとしても、企業側から気に入られなければ、簡単に落とされるわけだし……。

医学部E　僕は小さい頃から医者になると決心して、他の道は考えたことがなかったからね。でも、たしかに医学部の勉強は充実しているんだけど、それ以外の世界を知らなすぎる気がして、このまま突き進むだけでいいのかという気持ちもある。

理学部D　そうはいっても、大学時代が六年間もあれば、いろいろと考える時間がタップリあるんじゃないか？

僕からすると、大学に二年間在籍して、やっと授業やサークルに慣れてきたと思ったら、三年生になったとたんに就職活動を開始しろというのは、時間が足りなさすぎる気がする。とくに理学部は観測や実験が多いし、四年次で卒業研究を完成させるために今から調査したいことも多いから、あまり就職活動に時間を割きたくないというのが正直なところだよ。

ガイドライン

就職アドバイザー　皆様のお考えは、よくわかります！

一人一人事情は異なるにしても、就職活動を始める日本全国の大学三年生全員が、さまざまな悩みを抱えて葛藤しているわけです。けれども、一生に一度しかない「大学新卒採用」は、待っていてはくれません！

この現実に適応し、いかにうまく対処できるか。その困難を乗り越えることのできる方だけが、一流企業に就職できることをお忘れなく。もう一度申し上げますが、私も粉骨砕身、お手伝いさせていただく所存です！

　さて、一般に日本の新卒大学生の採用ルールのことを「就職協定」と呼びますが、このルールを定めているのは、どのような団体かご存じですか？

法学部Ｂ　「日本経済団体連合会」、つまり「経団連」ですよね。

就職アドバイザー　そのとおりです。経団連は、約一五〇〇の企業・団体によって構成される日本最大の総合経済団体で、政府とは独立した立場から、さまざまな政策提言を行っています。

　それらの提言の中で、全国の就活生に最も影響を与えるのが、加盟企業の「採用選考」の方法を定めるガイドラインです。

　一九九七年、経団連は、加盟企業が採用選考活動を一方的に早期化させていた就活状況を改善するため、「採用選考に関する企業の倫理憲章」を規定しました。このガイドラインは、その後何度も改定を重ね、現時点で最新版の「採用選考に関する指針」は、次のような内容になっています。[4]

採用選考に関する指針

日本経済団体連合会

企業は、二〇二〇年度入社の大学卒業予定者・大学院修士課程修了予定者等の採用選考にあたり、下記の点に十分配慮しつつ自己責任原則に基づいて行動する。

1．公平・公正な採用の徹底

公平・公正で透明な採用の徹底に努め、男女雇用機会均等法、雇用対策法及び若者雇用促進法に沿った採用選考活動を行い、学生の自由な就職活動を妨げる行為（正式内定日前の誓約書要求など）は一切しない。また、大学所在地による不利が生じないよう留意する。

2．正常な学校教育と学習環境の確保

在学全期間を通して知性、能力と人格を磨き、社会に貢献できる人材を育成、輩出する高等教育の趣旨を踏まえ、採用選考活動にあたっては、正常な学校教育と学習環境の確保に協力し、大学等の学事日程を尊重する。

3．採用選考活動開始時期

学生が本分である学業に専念する十分な時間を確保するため、採用選考活動については、以下で示す開始時期より早期に行うことは厳に慎む。

広報活動：卒業・修了年度に入る直前の三月一日以降

選考活動：卒業・修了年度の六月一日以降

なお、活動にあたっては、学生の事情に配慮して行うように努める。

4．採用内定日の遵守

正式な内定日は、卒業・修了年度の一〇月一日以降とする。

5．多様な採用選考機会の提供

留学経験者に対して配慮するように努める。また、卒業時期の異なる学生や未就職卒業者等への対応を図るため、多様な採用選考機会の提供（秋季採用、通年採用等の実施）に努める。

経済学部C　第一に「公平・公正な採用の徹底」と書いてあるけど、実際には「縁故採用」とか「コネ入社」があるわけでしょう？

たとえば、大手広告代理店の社員なんか、半数以上が縁故採用だと聞いたことがありますけど？

就職アドバイザー　「縁故採用」と一口に言っても、企業が、自社や取引先の重役やOBの関係者を優先して採用するケースもあれば、政治家や業界有力者の「口利き」により面接だけで採用するケースなど、さまざまでして……。

法学部B　それは、アンフェアじゃないですか？

経済学部C　たしかにアンフェアかもしれないけど、世の中がアンフェアに動いているんだから、仕方がないんじゃない？

私が聞いた話では、有名なオーナー企業の社長の息子が「縁故採用」で大手広告代理店に入社したんだけど、毎日ほとんど仕事もしないで、遊んで暮らしているらしいよ。

文学部A　広告代理店って、激務じゃないの？

経済学部C　その激務をやるのは、正規に入社試験を受けて入ってきた有能な「一般採用」の人たち……。

「縁故採用」の人たちは、激務で潰れても困るから、逆に忙しい仕事は任せられないらしいよ。

就職アドバイザー　ハッキリ申し上げましょう！　広告代理店ばかりでなく、テレビ局や総合商社なども、取引先企業のオーナーや重役や出資者の家族を優先して採用する枠を持っている、というのが実情です。

　そもそも、この種の広告や商品の媒介に関わる企業は、そうすることによってスポンサーと強固な関係を作り上げて、お互いに助け合って利潤を追求しているわけですから……。

経済学部C　それが現実でしょ。

　オーナー企業の社長の息子を採用したおかげで、その企業がスポンサー広告を続けてくれるんだったら、広告代理店にとっては莫大な収益になるわけだから、「費用対効果」も抜群というわけなのよ。

文学部A　その「費用対効果」って、どういう意味？

経済学部C　かけた費用に対して、どれだけ経済的効果があるのか、ということ。

　仮に「縁故採用」した社員に年に一〇〇〇万円の給与を支払って遊ばせておいても、その父親の会社からの広告収入が年に五〇〇〇万円あれば、会社の「費用対効果」は年にプラス四〇〇〇万円になるでしょう。

理学部D　つまり「コスパ」がいいということだね。

経済学部C　「費用対効果」を英語で言えば「コスト・パフォーマンス」になる。それを略して「コスパ」と言う人もいるんだけど、そんな変な略語を使うなって、経済学の先生が怒っていたよ！

就職アドバイザー　大企業の人事担当者から話を聞くと、「縁故採用」であっても「一般採用」以上に能力を発揮する社員もいるそうですから、必ずしも縁故採用者の能力が劣っているとは断定できません。

　ただ、その一方で、縁故採用者を優先するために、より優秀な学生を落とさざるをえないことがよくあるそうで、その優秀な学生には「心底申し訳ない気持ちになって苦しい」とも言っていましたが。

医学部E　それはもったいない話！　しかし、採用サイドにも、良心の呵責《かしゃく》があるわけですね。

　就職アドバイザーという立場からは、「縁故採用」のことをどのようにお考えですか？

就職アドバイザー　私の仕事は、あくまで就職志望者の希望を叶えることです。

就職志望者には、まず徹底した「自己分析」と「企業研究」を行い、そのうえで適職の企業を発見していただきたい。そこまで到達した時点で、もし希望する企業に強いコネクションをお持ちのご家族やご親戚などがいらっしゃれば、紹介していただく手段もあるだろうと思います。

しかし、「縁故採用」で入社できたとしても、周囲から嫉妬や批判を受けることがあるでしょうし、紹介者の立場を考えると、転職したくても簡単に会社を辞められないような事態が起こる可能性もあります。入社しやすいからといって、必ずしもメリットだけではない点を考慮する必要があるでしょう。

私が知る限り、本人にとっても会社にとっても極めて不幸な結果に終わるのは、志望者が自分で何も考えずに親の言いなりに「縁故採用」で就職し、結果的にうまくいかずに、社内で身の置き場所がなくなるようなケースですね。

スケジュール

法学部B　経団連の「採用選考に関する指針」の「採用選考活動開始時期」によれば、大学四年次直前の三月一日から「広報活動」が開始され、六月一日から「選考活動」が行われるというスケジュールになっていますね。

就職アドバイザー　ただし、経団連の「就職協定」は、あくまで加盟企業に対する「指針」に過ぎません。

　ハッキリ申し上げましょう！　実際の現場で「就職協定」が守られていないということは、天下周知の事実です。

文学部Ａ　スケジュールと言われても、まだ漠然としているんですが……。

　私は、出版社を志望しているので、具体的な選考の流れを説明していただけますか？

就職アドバイザー　それでは、さきほど「就職採用試験」の例に挙げた講談社の「二〇一九年度採用実績」をお見せしましょう。

　講談社は、この種の企業としては非常に珍しく、選考のスケジュールに加えて、選考段階における学生の通過率をすべてオープンに公表しているので、ご参考になるだろうと思います。

法学部Ｂ　最初の「エントリーシート」の申込者二七一二人に対して、内々定が出たのが二一人ということは、採用の倍率が約一二九倍ですか！

文学部Ａ　すごい倍率！　日本で最大手といわれる出版社でも、入社するのが二〇人しかい

2019年度採用実績

講談社

1．書類選考　2018年2月1日〜4月1日（必着）
「エントリーシート」（Ａ４判３ページ）の審査
応募者2712人→通過者1131人（通過率41.7%）

2．筆記試験　2018年5月13日
「一般常識試験」・「作文」（70分）・「ＳＰＩ系試験」（60分）の審査
応募者1028人→通過者600人（通過率58.3%）

3．第一次面接　2018年5月27日〜5月29日
現場の社員2人が「一緒に働きたいと思える人物かどうか」を主眼に個人面接（約20分）
応募者577人→通過者222人（通過率38.4%）

4．第二次面接　2018年6月7日〜6月9日
現場の部長・編集長クラス3人が志望者の「やりたいこと」を主眼に個人面接（約20分）
応募者216人→通過者75人（通過率34.7%）

5．第三次面接　2018年6月15日〜6月16日
役員クラス5人が個人面接（約30分）
応募者73人→通過者25人（通過率34.2%）

6．総務面接・健康診断　2018年6月19日〜6月20日
総務3人が志望者の「心配事」などについて個人面接（約20分）
応募者24人→通過者24人（通過率100%）

7．最終面接　2018年6月22日
社長を含む最高幹部4人が個人面接（約15分）
応募者24人→通過者21人（通過率87.5%）

8．内々定
内々定21人のうち最終的に20人（男子9人・女子11人）が入社

ないなんて、やっぱり出版業界は厳しいわ。

ただ、その半数以上の一一人が女性というのは、少しだけ心強いけれど……。

経済学部C　講談社は、もちろん経団連加盟の企業でしょう？

それなのに、書類選考を四月一日から始めて、五月に筆記試験と第一次面接を行うなんて、「選考」は六月以降に行うという経団連の「指針」に完全に違反しているじゃないですか！

就職アドバイザー　書類選考・筆記試験・個人面接五回を行って審査したうえで、六月中に内々定を出すというスケジュールから逆算すると、どうしても選考開始が早くなってしまう。

　これと似たような現象は、他の経団連加盟の大手企業でも生じていることです。丁寧に選考しようとすればするほど時間が掛かる一方で、他企業との関係から六月くらいまでには審査を終えたい。だから「指針」も一律には守られないという逆行現象が生じているわけです。

　企業側も後ろめたいのか、「面談・相談会・茶話会」などの名目で就活生を呼び出して、実際には面接を行うようなケースもあるのが実情です。

理学部D　僕らは、一社だけではなくて数社の企業を同時に受けるわけだから、このスケジュールだと、四月から六月にかけては、ほぼ毎日のように各社の試験や面接が入って、大学に行く暇なんかなさそうじゃないか！

文学部A　たしかに、大学の授業との両立が難しそうね。

経済学部C　こんなことになるんだったら、大学一・二年生の間に、もっと取れるだけ単位を取っておけばよかったわ。

法学部B　それにしても、講談社では、二次面接まで通過した七三人が、役員五人との三次面接で二五人に減らされている。つまり、せっかく最終面接の手前までがんばってきたのに、四八人が落とされたわけだ。これでは、メンタルがやられそうだね。

経済学部C　それを言うなら、最終面接まで行ったのに、最後の最後に落とされた三人はもっと辛いでしょう。

　私だったら、とても耐えられないかも……。

エントリーとお祈りメール

医学部E　初夏になると、リクルートスーツ姿でスマートフォンを握りしめている就活生を電車でよく見かけるけど、彼らは受けた会社からの連絡を待っているのかもしれないね。

　僕の姉は、昨年就職したんだけど、第一希望の会社には残念ながら届かなかった。月曜日に三次面接が終わって「四次面接に進める方には金曜日までに連絡します」と会社から言われてね。

姉は、火曜日、水曜日、木曜日と待っていたんだけど、連絡がない。電話とメールが気になるから何も手につかない状態で「ずっと動悸が止まらない」と言っていた。ついに連絡がないまま金曜日が過ぎると、「心が折れた」と言って泣いていたよ。

就職アドバイザー　会社の人事は、どうしても面接通過者に優先的に連絡しますから、連絡がないまま面接が流れるケースは多々あります。先に進めなかった就活生は、精神的には大変かもしれませんが、そこで平常心を保つことが大切なのです。

「残念ながら今回はご期待に沿えない結果となりました。今後のご活躍をお祈り申し上げます」という不採用通知メールは、「お祈りメール」と呼ばれています。さらに、この「お祈りメール」さえ来ないケースは、業界で「サイレントお祈り」と呼ばれています。

たとえこの種のケースが一〇社や二〇社と重なっても、冷静に「不採用」になった理由を分析して改善点を見出し、次につなげる余裕が必要なのです！

経済学部C　そんな精神的余裕がなかったら、どうすればいいんですか！

就職アドバイザー　もし本当にメンタルがやられそうになったら、一人で抱え込まずに、専門家に相談することをお勧めします。この大学の学生相談室にも、立派な心理カウンセラーがいらっしゃるじゃないですか。
　あるいは、区役所や市役所の心理相談室を利用する方法も考えられます。
文学部A　C子はそんなことばかり言っているけど、現実に就活が始まったら、私なんかよりずっとメンタルが強そうだけどね。
　ところで、私たちは何社くらいにエントリーしたらいいんでしょうか？
就職アドバイザー　それは個人差もありますが、私が一般的にお勧めしているのは、三年次の段階で、就職してもいいと思われる企業を一〇〇社見つけることです。
文学部A　一〇〇社ですか！　どうやって見つければいいのか……。
就職アドバイザー　便利なのは、いわゆる「就職サイト」に登録することです。
　実際には、リクルートグループの「リクナビ」とマイナビグループの「マイナビ」が、二大総合就活サイトとして知られています。どちらにも二万社を超える企業が掲載されていますから、そこから、サイトのさまざまな機能を活用して絞り込んでいけばいいでしょう。
文学部A　出版専門のサイトはありますか？
就職アドバイザー　出版業界を専門とする「出版・COM」があります。それに、マスコミ業界の「マスナビ」、ファッション・アパレル業界の「ブランドキャリアジュニア」、福祉・

介護業界の「福祉のお仕事」のように、専門分野に特化したサイトも五〇種類以上存在します。

ただし、A子さんのように、今から出版業界に絞り込みたいという希望もわかるのですが、そこから新聞業界、さらにはメディア業界やＩＴ・通信系業界などにも視野を広げて就活を進める方が、安心できると思います。

最初から業界を絞りすぎると、就活をしていくうちに、これは希望とは違ったと思っても後戻りできないでしょう。もしその業界全体と折り合えなくなったら、全滅する危険性もあります。さまざまな業界の説明会や面接を幅広く経験しておけば、「自己分析」を深め「企業研究」にも役立てることができるわけです。

理学部Ｄ　実際に一〇〇社全部を受けるわけではないですよね？

就職アドバイザー　一〇〇社全部の説明会に出ることは時間的にも不可能ですから、三年次の終わりまでに、合同説明会も含めて五〇社程度の説明会に参加できれば十分でしょう。

そこからエントリーシートを通過するのが半分の二五社として、面接を進めていくのがその半分の一〇社前後。その半分の五社から内々定をもらって、最終的に一社に絞り込むような形がとれれば理想といえます。

経済学部C　そんな風に、うまくいけばいいんだけど……。

逆に、すごくメンタルをやられて、うまくいかなかった例を教えてください。

就職アドバイザー　これまで私が知っている中で、最も辛そうだったのは、学生本人というよりも、就活の最中にご両親が離婚されたことから歯車が狂ったケースですね。

そのご両親は、以前から仲が悪く、お金のことで揉めていたらしいのですが、娘さんが大学四年生になった春、大学に最後の授業料を払い込んだのを機に、離婚が成立したわけです。

就活が始まったばかりの彼女は、覚悟はしていたものの、離婚調停のために家庭裁判所に呼び出されたりして、精神的ショックを受けました。それでも彼女には同級生の恋人がいて、いろいろと相談相手になってくれたのですが、彼自身も就活で大変な状況ですから、これまでのように彼女を慰めてあげるほどの精神的余裕がなくなった。そこで二人は、ある日大喧嘩になって、別れてしまったのです。

孤独になった彼女は、暴飲暴食を繰り返しました。その結果、体重が急激に増加し、顔は吹き出物で一杯になって、化粧もできなくなってしまった。そうなると、説明会や面接どころか、大学の授業に行くのも嫌になって、自宅の部屋に引き籠ってしまったのです。

理学部D　それは最悪だなあ。それで、彼女はどうなったんですか？

就職アドバイザー　彼女が幸運だったのは、そこで私ども「就職アドバイザー」のことを思い出して、弊社に連絡してくれたことです。
　彼女の担当には、特別に熟練の就職アドバイザーを付けました。このアドバイザーは、就活生の体調管理や日常生活の立て直しから支援しました。さらに就活のプロとして、徹底した「自己分析」と「企業研究」のサポート、エントリーシートの添削と面接練習、ＷＥＢテスト対策、スケジュールの調整まで行いました。
　その結果、彼女は、見事に立派な企業に就職することができたのです！

経済学部C　それはよかったわ！
　でも今のお話、就職アドバイザーさんの会社の宣伝もかなり入っているみたいですけど。そこまで全面的にサポートしていただいたら、かなり高額になるんじゃないですか？

就職アドバイザー　もちろん相応の経費は掛かります。今申し上げたのは弊社の「一流企業就職全面サポートプラン」でして、こちらは三か月コースで大学の授業料一年分とほぼ同じ金額になりますね。
　ちなみに、今お話しした就活生の立て直しには六か月かかりましたから、経費は大学の授業料二年分ほどになったと記憶しております。

経済学部C　そんなに高いんですか！

就職アドバイザー　たしかに、大学生の感覚からすると、非常に高いとは思います。しかし、その後の彼女の人生を考えてみれば、弊社の「サポートプラン」は、リーズナブルなお値段だと思いますよ。

経済学部C　とりあえず、私の両親には「離婚するなら、私の就活が終わってからにして」って言っておくわ！

文学部A　何言ってるの、C子のご両親はすごく仲良さそうだから、離婚なんてありえないでしょ！

経済学部C　あはは、それもそうかもね……。

就職採用試験

文学部A　私は、採用試験のことが気になるんですが、講談社のケースを見ると、「一般常識試験」に加えて、「作文」がありますね。

就職アドバイザー　「作文」については、さまざまな企業で、政治・経済・社会情勢など、あらゆる分野から出題される可能性があります。これらは大学入試の小論文と同じような形式ですから、論理的に筋道を立てて文章を構成する必要があります。
さらに新入社員にクリエイティビティを求めるマスコミ業界の「作文」などでは、受験者の意表を突くテーマを設定して、個性的なストーリーを書かせようとするタイプの問題が少なくありません。
「三題噺」のように捻った問題も出されていますから、注意が必要です。

医学部Ｅ　「三題噺」といえば、寄席で真打ちが客席からお題を三つもらって、その三つを適当に組み合わせて、即興で演じる落語のことですね。
古典落語で有名な「芝浜」は、現在の芝浦海岸のことで、僕の家の側なので親近感があってよく知っているんですが、これも、客席からもらった「酔漢」・「財布」・「芝浜」の三題から生まれています。

就職アドバイザー　よくご存じですね。
ここで仮に、「酔漢・財布・芝浜の三つのキーワードを使って四〇〇字の作文にまとめなさい」という問題が出されたら、「芝浜」をまとめられますか？

医学部Ｅ　僕はストーリーを知っているので、まとめてみましょうか……。[6]

芝浜

腕はよいのに、酒ばかり呑んでうだつの上がらない魚屋の「酔漢」勝が、女房に叩き起こされて、珍しく早朝に「芝浜」の魚市場に行ったところ、目の眩むような大金の入った「財布」を拾う。有頂天になった勝は、仲間に大盤振る舞いし、泥酔して家に帰り、そのまま寝てしまう。女房は、その財布を隠して役所に届ける。目覚めた勝は、家中掻き回して財布を探すが見つからない。大金は夢だったと諦めた勝は、一念発起して酒を断ち、懸命に働いて、三年後には大通りに店を構えるほど成功した。財布は持ち主が見つからなかったため、女房に下げ渡された。大晦日の夜、女房が勝に財布を見せて、黙って役所に届けたことを告白し謝る。勝は、怒るどころか、機転を利かせて自分を立ち直らせてくれた女房に深く感謝する。女房は夫をねぎらい、久し振りにと酒を勧める。勝は「じゃあ、呑むとするか」といったんは杯を持つが、「よそう、また夢になるといけねえ」と杯を置く。（四〇〇字）

就職アドバイザー　すばらしい！　この落語は、江戸時代末期に活躍した初代三遊亭圓朝の作といわれ、三代目三木助や五代目圓楽などによってさまざまなバージョンに発展していますが、見事にまとめてくださいました。

文学部Ａ　本当にＥ君すごい！　私なんか、とてもそんな風に書けないよ！

医学部Ｅ　いやいや、僕は知っているストーリーをまとめただけだから。

　その場でまったく新しい三題を与えられて考えろと言われたら、とても自信はないね。

就職アドバイザー　これまでに出題された過去の問題をいくつか挙げてみましょうか。

　次の三つのキーワードを使ってストーリーを作りなさい。

1.「ホワイト・鉄棒・温故知新」［一二〇〇字・六〇分］（二〇一五年度・小学館）

2.「不倫・トランプ・水素水」［一二〇〇字・六〇分］（二〇一七年度・主婦と生活社）

3.「二者択一・新型〇〇（自由に設定）・証拠」［八〇〇字・六〇分］（二〇一九年度・集英社）

経済学部Ｃ　こんなに無関係な言葉が三つ並んでいたら、頭の中が真っ白になって、とてもストーリーなんか考えられそうにないわ。

文学部Ａ　どうしたらいいんだろう……。

就職アドバイザー　いえいえ、ご心配なく。どんな試験にも、必ず対策があるものです。このようなタイプの問題に対応するためには、事前に「起承転結」の定まった数種類の「小話」を作っておけばよいのです。

法学部Ｂ　そうか、なるほど！　小話を準備しておいて、逆にその中にうまく三題を組み込めばよいわけか……。

就職アドバイザー　もしストレートに組み込めないとしても、幾つかの小話を組み合わせて新たなストーリー展開にすれば、何らかの形で三題を組み込むことができるはずです。

文学部Ａ　その方法だったら、私にもどうにかなりそうです。

　たとえば、集英社で出題された「二者択一・新型○○（自由に設定）・証拠」を「芝浜」に組み込むとすると、「腕はよいのに、酒ばかり呑んでうだつの上がらない魚屋」の代わりに、「頭はよいのに、酒ばかり呑んで怠け者の発明家」とする。

法学部Ｂ　そこで彼は、女房から酒をやめるかやめないかの「二者択一」を迫られる。彼は一念発起して酒をやめて発明に専念し、ついに「新型女房」を発明することにしようか。

経済学部Ｃ　「新型女房」って、いくら何でも変すぎるでしょ！

　それに「証拠」はどうするの？

理学部D　発明するのは「新型アルコール探知器」にすればよくないか？
　それで発明家は、自分が酒をやめた「証拠」を妻に見せるとか……。

文学部A　あははは、苦しいけど、どうにか書けそうね。事前に「芝浜」のような小話を五つくらい用意しておけば、大丈夫な気がしてきました。
　それから「ＳＰＩ系試験」というのは、どういう試験なんでしょうか？

ＳＰＩ系試験と代理受験

就職アドバイザー　「ＳＰＩ」というのは「Synthetic Personality Inventory（総合適性検査）」の略称で、リクルートグループが提供する採用試験のことです。

　高度成長時代の一九七三年、日本最初の総合適性検査として「ＳＰＩ」が開発されました。二〇〇二年に「ＳＰＩ２」にバージョン・アップして、現在使用されているのは二〇一三年に開発された「ＳＰＩ３」です。

　リクルートキャリア社の「二〇一八年度採用実績」によれば、年間一万三二〇〇社が採用し、二〇二万人が受験したということで、日本全国で最も多く採用されている就職試験といえます。

法学部Ｂ　「総合適性検査」ということは、いろいろな種類のテストが組み合わされているわけですね。

就職アドバイザー　一般に「ＳＰＩ３」のペーパーテストは、問題冊子とマークシート解答用紙のセットで、「言語」（四〇問・三〇分）・「非言語」（三〇問・四〇分）・「性格」（三〇〇問・四〇分）の三つのパートに分かれています。さらにオプションとして「英語」と「構造的把握力」のテストを企業が加えることもできるようになっています。

最近は、「ペーパーテスト」よりもパソコンで受験する「ＷＥＢテスト」が多くなってきました。テストの受験場所も、テストセンター・企業・自宅の三種類に分かれていて、各々で受験時間も内容も異なっています。

法学部Ｂ　今ネットで検索したら、「非言語」には知能テストみたいな問題が出ているね。

> 次の１、２、３がわかっている。
>
> １．Ａに参加する人は、Ｂに参加する。
>
> ２．Ａに参加しない人は、Ｄに参加する。
>
> ３．Ｂに参加する人は、Ｃに参加する。

このとき、推論ア、イ、ウのどれがいえるか。すべて答えなさい。
ア　Aに参加する人は、Cに参加する。
イ　Cに参加しない人は、Bに参加しない。
ウ　Dに参加しない人は、Bに参加しない。

医学部E　答えは「アとイ」だね。

経済学部C　どうしてわかったの？

医学部E　だって、1は「AならばB」で3は「BならばC」だから、三段論法で「AならばC」のアが成立する。それに、3の「BならばC」が成立するとき、対偶「CでなければBでない」も成立するから、イも成立する。
　ウの「DでなければBでない」が成立するとき、対偶「BならばD」も成立するけど、その条件は当てはまらない。だから「アとイ」が正解。

就職アドバイザー　すばらしい！

医学部E　この問題は「三段論法」と「対偶」を知っていれば簡単に解けるけど、そうでないと混乱するかもしれない。

経済学部C　E君は、どうしてそんなことを知っているの？
医学部E　僕は中高一貫校を受験したからね。このタイプの「推論」の問題は、中学受験のときに勉強したよ。
就職アドバイザー　たしかに、SPIの非言語問題は、中学受験の問題と類似しています。「推論／順列・組み合わせ・確率／割合と比／損益算／料金割引／仕事算／代金精算／速度算／集合」のような問題から構成されていますから。
文学部A　つまり、数学でしょう？　そういうタイプの問題、私は苦手……。
その試験対策は、どうすればいいんですか？
就職アドバイザー　弊社では、「SPI対策講座」・「玉手箱対策講座」・「企業別専用テスト対策講座」の三種類の講座を実施しております。
これらの講座は、大学の就職課やネットなどで実施されている無料講座よりも授業料が高くなっておりますが、それによって大幅な得点アップも可能になっております。ぜひ受講をご検討くださいますように！
法学部B　その「玉手箱」というのは何ですか？
就職アドバイザー　「玉手箱」は、日本SHL社が開発した自宅受験型の総合職適性テストで、ＷＥＢテストだけのシェアとしてみれば、日本で最も多く用いられています。
「言語」（七四問・三七分）・「計数」（九九問・四四分）・「英語」（四八問・二〇分）・「性格」（六八問・二〇分）・「意欲」（三六問・一五分）の五つのパートに分かれていて、こちらは「ＳＰＩ」とはかなり趣向の異なる問題が出題されていますから、対策を別に立てる必要があります。

経済学部Ｃ　自宅受験型というのは、自宅のパソコンで受けるわけだから、誰が受けたかなんてわからないですよね。

　ねえＥ君、私の代わりに受けてくれないかな？

就職アドバイザー　成績優秀な友達や兄弟姉妹がいたら、ＷＥＢテストを代わりに受けてもらいたくなりますよね。それに、ネットで検索すればいくらでも出てきますが、「東大生・京大生が代わりに受験します」とか「ＷＥＢテストのプロ家庭教師が受験します」といった「代理サービス業者」が存在することも事実です。

　ハッキリ申し上げましょう！　もし代理受験してもらったとしても、その段階で即座にバレることはないでしょうし、そのまま隠し通して、一流企業に就職できた就活生がいることも事実です。しかし、この方法はリスクが高すぎるので、私からはお勧めできません。

法学部B　そのリスクというのは、企業側にバレるということですか？

就職アドバイザー　そのとおりです。最近のWEBテストは非常に巧妙に作成されていますから、たとえば大学の偏差値レベルに対してテストの得点が高すぎたり、解答に要する時間が短すぎたりすれば、その相違について企業から疑念を抱かれます。その点を面接で追及される危険性も高くなるでしょう。

法学部B　たしかに、WEBテストで正解したはずの問題を面接で質問されて答えられなかったら、その時点でアウトですよね。

就職アドバイザー　その程度では済まないかもしれません。

ペーパーテストで「替え玉受験」を行えば、自分の解答を偽名で提出することから、法律上は「私文書偽造罪」に問われます。WEBテストは署名していないので「私文書偽造罪」には相当しませんが、「電磁的記録不正作出罪」に問われる可能性があります。

実は、WEBテスト運営会社の担当者から聞いたことがあるのですが、ある一流企業から、就職した社員について問い合わせがあったそうです。

法学部B　すでに就職した社員ということですか？

就職アドバイザー　そうです。その社員の入社後の勤務評価や人物像が、入社時のWEBテストの評価とあまりにも違っているので、その理由を問われたわけです。

運営会社の担当者は、統計的にそのような可能性は非常に低いこと、つまり、別人がＷＥＢテストを受けた可能性が非常に高いことを示唆したそうです。

理学部Ｄ　その社員に同じレベルのＷＥＢテストを受けさせて、入社時のテストの点数と比較すれば、替え玉受験を行ったかどうか、簡単にわかるよ。

法学部Ｂ　もし「不正入社」が発覚すれば、最悪の場合は「懲戒解雇」の可能性も考えられるだろう。もしかしたら、会社の人事採用システムの信頼性に損害を与えたという意味で「損害賠償請求」されるかもしれない。たしかに、リスクが高すぎる！

就職アドバイザー　多くの企業は、どちらかというと採用試験を「足きり」に使っています。つまり、一定以上の点数に達しない人を落とすためのものですから、その程度の点数はクリアできるように自分で対策しておけばいいのです。

しかも、ＷＥＢテストを重視する会社であればあるほど、不正を行えば会社を騙した悪質性が高くなりますから、より懲罰も厳しくなるでしょう。

ですから「就職採用試験」は、自分の力で正々堂々と受けるべきなのです。

経済学部Ｃ　よくわかりました。自力で受けるしかない、がんばろう！

文学部Ａ　「企業別専用テスト対策講座」というのは？

就職アドバイザー　一般論としては、「ＳＰＩ」と「玉手箱」の対策ができていれば、どんな就職採用試験でも、ある程度の得点を望めるはずです。

　しかし、採用試験には他にもさまざまな種類があって、自宅受験型のＷＥＢテストだけでも、「ＷＥＢＣＡＢ、ＴＧＷＥＢ、ＣＵＢＩＣ、ＴＡＰ、３ＥＩＰ、ＢＲＩＤＧＥ、ＣＡＳＥＣ、ＴＡＬ、ＥＳＰ……」などがあります。

　それらを合計すると、就職採用試験には七〇種類以上あって、さらに企業はそれらを適当に二つ、三つと組み合わせて使用できますから、すべての試験の対策を行うこと自体、不可能なのです。

　そこで弊社は、個別企業の就職採用試験に対応するために「企業別専用テスト対策講座」を実施しているわけです。

法学部Ｂ　そうなると、自分の受ける会社がどのテストを行うのか、事前に知る必要がありますね？

就職アドバイザー　まさに、おっしゃるとおりです。皆様の志望する企業が、どのテストを用いているか、それはペーパーなのかパソコンなのか、さらにテストセンター受験なのか自宅受験なのか、知りたいでしょう？

実は、弊社は「全国一流企業採用テスト一覧」を頒布しております。これは他では入手できない「極秘リスト」ですから、お値段も高くなっておりますが、ぜひご購入されることをお勧めします！

経済学部C　ちょっと待ってください！　その極秘リストを購入して、企業別専用テスト対策講座を受けて、就職サポート料も払ったら、莫大な金額になるじゃないですか！

法学部B　たしかに、大学の授業料三年分近くの金額になりそうだね。

就職アドバイザー　そのおかげで一流企業に就職できれば、お安いものですよ。

すぐにお支払いできない場合は、弊社と提携している金融機関にて、格安の金利で学生ローンを組むこともできます。ぜひご検討くださいますように……。

インターンシップ

理学部D　考えてみたら、そもそも経団連に加盟していない企業だったら、経団連の「指針」など、まったく関係ないわけですよね。

そういう企業だったら、入社試験のような堅苦しいことは抜きにして、採用してもらえるんじゃないかな？
就職アドバイザー　たしかに、いわゆる新興の「ベンチャー企業」や、外国資本による「外資系企業」などは、もともと経団連に加盟していないので、「就職協定」の影響はまったくありません。
これらの企業の選考スケジュールは非常に早く、三年次のサマーインターンが終了した時点で内々定を出すところも少なくありません。
理学部D　我々からすれば、今年の夏ということですか？
就職アドバイザー　そうですよ。ですから、のんびりしている暇はないと申し上げているわけです！
大学三年次の八月から九月にかけて、サマーインターンを実施する企業は年々増えています。そのためのエントリーと選考は、六月から七月にかけて行われますから、四月から五月にかけてエントリー対策を行う必要があります。
つまり皆様は、徹底した「自己分析」と「企業研究」を、今すぐに開始しなければならないんです！
理学部D　せっかくの大学三年生の夏休みがインターンで潰れるのは悲しいんだけど、やはり参加しておくべきでしょうか？

経済学部Ｃ　インターンなんて「無給のアルバイト」みたいなものだから、行かなくたって平気でしょ？

就職アドバイザー　いえいえ、とんでもない！

そもそも「インターン」というのは、正式には「学生が在学中に自らの専攻、将来のキャリアに関連した就業体験を行うこと」と定義される「インターンシップ」のことですが、こちらは国を挙げての推進事業なのです。

一九九七年、文部科学省・厚生労働省・経済産業省が合同で「インターンシップの推進」を大学側と企業側に求めました。その「基本的考え方」は、その後何度か改定を重ね、現時点での最新版は、次のような内容になっています。[7]

理学部Ｄ　この文書、学生にとっても企業にとっても、良さそうなことばかり謳っているけれども、こんなインターンばかりに参加していたら、我々は本来の大学の勉強をする時間がないじゃないか！

それに、「企業等における意義」には「特に中小企業やベンチャー企業等にとって意義が大きいものと思われ、中小企業等の魅力発信としてもインターンシップは有益」とあるけど、

○ 自主性・独創性のある人材の育成

企業等の現場において、企画提案や課題解決の実務を経験したり、就業体験を積み、専門分野における高度な知識・技術に触れながら実務能力を高めることは、課題解決・探求能力、実行力といった「社会人基礎力」や「基礎的・汎用的能力」などの社会人として必要な能力を高め、自主的に考え行動できる人材の育成にもつながる。

また、企業等の現場において独創的な技術やノウハウ等がもたらすダイナミズムを目の当たりにすることにより、二一世紀における新規産業の担い手となる独創性と未知の分野に挑戦する意欲を持った人材の育成にも資する。

② 企業等における意義

○ 実践的な人材の育成

インターンシップによって学生が得る成果は、就職後の企業等において実践的な能力として発揮されるものであり、インターンシップの普及は実社会への適応能力のより高い実践的な人材の育成につながる。

○ 大学等の教育への産業界等のニーズの反映

インターンシップの実施を通じて大学等と連携を図ることにより、大学等に新たな産業分野の動向を踏まえた産業界等のニーズを伝えることができ、大学等の教育にこれを反映させていくことにつながる。

○ 企業等に対する理解の促進、魅力発信

大学等と企業等の接点が増えることにより、相互の情報の発信・受信の促進につながり、企業等の実態について学生の理解を促す一つの契機になる。これについては、特に中小企業やベンチャー企業等にとって意義が大きいものと思われ、中小企業等の魅力発信としてもインターンシップは有益な取組である。

さらに、インターンシップを通じて学生が各企業等の業態、業種又は業務内容についての理解を深めることによる就業希望の促進が可能となることや、受入企業等において若手人材の育成の効果が認められる。また、学生のアイディアを活かすような企業等以外の人材による新たな視点等の活用は企業等の活動におけるメリットにもつながる。これらの企業等の受入れの意義を大学等及び企業等において共有することが重要である。

インターンシップの推進に当たっての基本的考え方［抜粋］

文部科学省・厚生労働省・経済産業省

1．大学等におけるインターンシップとは何か

大学等におけるインターンシップ（以下、「インターンシップ」という。）とは、一般的には、学生が企業等において実習・研修的な就業体験をする制度のことであるが、インターンシップが活発に行われているアメリカにおいては、大学のイニシアチブの有無、実施期間、実施形態等によってインターンシップと称するかどうかを区分する場合もあるとされている。

一方、我が国においては、インターンシップについては、「学生が在学中に自らの専攻、将来のキャリアに関連した就業体験を行うこと」として幅広くとらえられている。

2．インターンシップの意義

インターンシップは、学生を送り出す大学等、これを体験する学生、学生を受け入れる企業等それぞれにとって、様々な意義を有するものであり、それぞれの側において積極的に対応していくことが望まれる。

① 大学等及び学生にとっての意義

○ キャリア教育・専門教育としての意義

大学におけるキャリア教育・専門教育を一層推進する観点から、インターンシップは有効な取組である。

○ 教育内容・方法の改善・充実

アカデミックな教育研究と社会での実地の体験を結び付けることが可能となり、大学等における教育内容・方法の改善・充実につながる。

また、学生の新たな学習意欲を喚起する契機となることも期待できる。

○ 高い職業意識の育成

学生が自己の職業適性や将来設計について考える機会となり、主体的な職業選択や高い職業意識の育成が図られる。また、これにより、就職後の職場への適応力や定着率の向上にもつながる。

これらの企業は経団連の「就職協定」を完全に無視して、大学三年次の秋から内々定を出しているわけでしょう?

百歩譲って、企業サイドに立つ厚生労働省と経済産業省が、こういう仕組みを望むのは理解できるとしても、「高等教育機関の質の保証」を職務とするはずの文部科学省が一緒になってインターンを「推進」するなんて、完全におかしいじゃないか!

経済学部C　まあまあ、落ち着いて……。

文部科学省・厚生労働省・経済産業省の官僚は、現場のことなんて深く考えていないでしょう。彼らは、自分の省庁の権威が及ぶ管轄領域を拡張することで仕事を増やさなければ、存在意義がなくなってしまうんだから……。

そういえば、昨年の夏、私の先輩がホテルのインターンに四週間行ってきたんだけど、交通費しか出ないのにこき使われて、バカみたいだったと怒っていたなあ。

理学部D　こき使われたって?

経済学部C　最初の一週間は、フロントと予約係、ベルガールと宴会場係の研修を少しずつやらせてもらって、それなりにいろいろ学べて楽しかったらしいんだけど、その後はレストランに配属されて、残りの三週間は単なる無給ウエイトレスだったみたい。

就職アドバイザー　忍耐です。そこで耐えて、がんばることが重要なのです。
　インターンでいかなる状況になっても、ニコニコと仕事をこなしていたら、評価がグッと上がり、四年次に内定を得ることができるのです！

文学部Ａ　それで、その先輩は、ホテルに就職したの？

経済学部Ｃ　いやいや、そのインターンのおかげで、ホテル業界すべてが嫌になったと言っていた。まあ、一カ所だけのインターンで業界全部を判断するのも、どうなのかとは思うんだけどね。
　結局、その先輩は、銀行の一般事務職に就職したわ。

文学部Ａ　でも考えようによっては、ホテル業界の一面を事前に知ることができて、よかったんじゃないかしら。
　ホテルに就職したとしてもフロントで働けるような人はごく少数で、大部分の人たちは、宴会場だとかレストランとか、場合によっては、裏方で働いているんでしょう？

就職アドバイザー　たしかに、企業のプラス面ばかりでなく、マイナス面を見ることができるのも、インターンにおける重要な意義です。というか、最も重要な意義は、お互いのミスマッチを事前に察知できる点にあるのかもしれません。

必ずしも数週間にわたる長期のものではなくて、一日から数日程度の短期のインターンもあります。こちらでしたら、いろいろな職種を体験できて、社員との座談会やグループワークを通して得ることも多いはずですから、メリットも大きいと思います。

日本の「インターンシップ」は、すでに二〇年以上前から推進されていて、参加企業も年々増加する一方です。最近では学年を問わず、大学一年生からインターンを受け入れるような企業も多くなっています。

医学部E　アメリカでは、大学在学中に就職を志望する業界で長期間のインターンを行って、その期間中に適性を見極めてから就職するのが普通だよね。

ホワイトハウスでは、春・夏・秋に全米からインターンを一〇〇名ずつ受け入れるんだけど、すごい倍率だと聞いたことがある。もちろん大学の成績は最優秀で、抜群の才能があって、さらに有力者の推薦状三通を持つエリートしか応募できないらしいんだけど、それでも何千倍にもなるらしい。

法学部B　その「ホワイトハウス実習生」になることが、アメリカの政府機関で雇用される登竜門だからね。ビル・クリントンも最初は「ホワイトハウス実習生」になって、大統領にまで昇りつめた。

理学部Ｄ　そのクリントンがスキャンダルを起こした相手も「ホワイトハウス実習生」だったね。

医学部Ｅ　あははは、たしかにそうだった！

それにしても、そもそもアメリカは、日本のように一律の「大学新卒採用」制度を取っていないし、大学の在学期間も年齢層も完全に自由な社会だからね。

日本がインターン制度の部分だけを真似して、四年間の大学生活に組み込むとなると、どうしても学生は学業を疎《おろそ》かにせざるをえなくなってしまうんじゃないかな？

理学部Ｄ　とくに、一年生からインターンと言い出しているようでは、大学が学問の場でなくなってしまう。僕は大問題だと思うけどね。

就職アドバイザー　ハッキリ申し上げましょう！　日本の「大学新卒採用」で一流企業に就職を希望されるのであれば、学業などは二の次にして、就活を最優先させるべきです。そうでなければ、一流企業には就職できません！

理学部Ｄ　「学業などは二の次にして、就活を最優先」だって？

経団連の「指針」には「採用選考活動にあたっては、正常な学校教育と学習環境の確保に協力し、大学等の学事日程を尊重する」とあるじゃないですか！

就職アドバイザー　ですから、「指針」が守られていないのは、天下周知の事実だと申し上げたはずです。
一流企業の説明会やインターン、試験や面接などの選考活動は、平日の昼間に行われるのが普通です。その日に大学の授業や行事があっても、そちらは休んで、企業に行かなければなりません。
つまり、就職したければ、少なくとも三年次後期から四年次前期の約一年間にかけては、学業よりも就活を優先させるしかないのです。それが日本の現状だということを、よくご理解ください！
理学部D　大学四年間のうち、一年以上を就活に費やさなければ一流企業に就職できないなんて、まったくとんでもない話だなあ……。
経済学部C　D君は研究が大好きなんだから、大学院に進学するという道もあるじゃない。まあ、元気を出して！

内定と内定辞退

法学部B　企業から正式な「内定」が出るのは、四年次の一〇月一日以降ということですね。

文学部Ａ　でも、私の兄は、四年次の五月の段階で「君には特別に内々定を出すけど、六月までは内密にしてほしい」と言われたみたい。相手は、経団連加盟の東証一部上場企業だったのに……。

就職アドバイザー　どの企業も、他の企業に取られる前に優秀な大学生を採用したいわけですから、たとえ経団連の加盟企業であっても、選考開始のはずの六月一日以前に「内々定」を出すケースの方が多くなっています。

経済学部Ｃ　「内々定」は「内定」とは違うんですか？

就職アドバイザー　正式な「内定」は一〇月一日以降にしか出せませんから、それ以前の採用通知を「内々定」と呼んでいます。

文学部Ａ　兄は、内々定を受け取った時点で「入社誓約書」を書かされたと言っていましたが、これは「学生の自由な就職活動を妨げる行為（正式内定日前の誓約書要求など）は一切しない」という経団連の「指針」に違反していませんか？

就職アドバイザー　「違反」といえば「違反」ですね。繰り返しになりますが、「指針」はあくまで「指針」にすぎませんから……。

文学部Ａ　たとえば、私がＡ社とＢ社を受けたとして、第一希望はＢ社だとします。もしＡ

社が六月一日に内々定をくれて六月一五日までに「入社誓約書」を出すように指示してきたとして、その間にB社との面接が進み、B社は六月二〇日に内々定の返事をくれる予定だとしたら、どうすればいいんでしょうか？

就職アドバイザー　つまり、A社に「入社誓約書」を出しておいて、その後にB社に受かったら、B社の方に就職してもよいのか、というご質問ですね。

それで構いません。そもそも就職活動を行っている大学生は、非常に弱い立場です。もしA社に「入社誓約書」を提出しなければ、その時点でA社への入社を放棄することになりますが、そこでB社からも内々定をもらえなければ、二社とも失ってしまうことになるでしょう？

経団連の「指針」は、このような「自由な就職活動を妨げる行為」を大学生に強いることがないように、加盟企業に制約を加えているのですが、それを守っていない企業が多いのが実情でして……。

理学部D　要するに、内々定の段階で「入社誓約書」を出したとしても、入社を辞退して構わないわけですね。

しかし、一〇月一日の正式な内定式以降に「入社誓約書」を提出したら、もう内定を辞退することはできませんよね？

就職アドバイザー　いえいえ、それも構いません。というのも、実は「入社誓約書」には、法的な拘束力がまったくないのです。

　そもそも「内定」とは、法律上は「始期付解約権留保付労働契約」を意味します。つまり、新卒大学生が三月三一日付で大学を卒業して「四月一日を始期とする労働契約」を会社と結ぶ約束ですが、ここで重要なのは、この労働契約は「双方が解約権を持つ」と労働法に定められていることです。

文学部Ａ　「双方」ということは、私たちが会社から内定を取り消されることもあるわけですね。

就職アドバイザー　会社側からの内定取り消しは、その労働契約を破棄するものですから、客観的に「解雇」と同等と認められる合理的理由がなければ、成立しません。「労働契約法」第一六条には「解雇は、客観的に合理的な理由を欠き、社会通念上相当であると認められない場合は、その権利を濫用したものとして、無効とする」とあります。

　過去の事例からすると、いくら学生が「内定」を得ていたとしても、単位不足で大学を卒業できなかったとか、企業に提出した履歴書に虚偽があったとか、内定期間中に犯罪で逮捕されたケースなどでは、企業側から内定を取り消されています。

法学部Ｂ　逆に、企業が業績不振に陥って、内定を取り消したケースもありましたね。こちらは、学生側から会社を損害賠償で訴えたと思いますが……。

就職アドバイザー　日本の大手企業では滅多にないことですが、たしかにそういうケースもあります。原因が学生ではなく全面的に会社にあれば、内定を出した学生に対する損害賠償も裁判で認められています。

　同時に、学生側からも「労働契約」を破棄することができます。この場合に適用されるのは、「民法」第六二七条で、「当事者が雇用の期間を定めなかったときは、各当事者は、いつでも解約の申入れをすることができる。この場合において、雇用は、解約の申入れの日から二週間を経過することによって終了する」という法律です。

　つまり、いまだに入社していない大学生が「内定辞退」を会社に通告すれば、二週間後には法的に契約が解除されることになるわけです。

文学部Ａ　その「内定辞退」ですが、兄が大学の就職課で「会社に出向いて謝るのが礼儀」だと言われて、会社に行って非常に嫌な思いをしたらしいんですが、やはり足を運ばなければならないんでしょうか？

就職アドバイザー　いえいえ、そんな必要はありませんよ。

大学の就職課は、来年度以降の学生の就職に影響を及ぼしたくないので、必要以上に就活生に企業側に対する儀礼を重んじるように勧める傾向があるのかもしれませんが……。

経済学部C　お兄さん、どんな嫌な思いをしたの？

文学部A　兄は、ある不動産会社からすごく気に入られて、早々と内々定をいただいて入社承諾書も提出していたんですが、まさか受かると思っていなかった大手商社から内定が出たので、内定辞退を伝えにいったわけです。

会社では応接室に通されて、人事担当者から内定辞退の理由を根掘り葉掘りしつこく聞かれ、兄が商社に決まった話をすると、部長クラスの社員が何人か出てきて、商社よりも不動産の方が安定しているとか、海外展開に回してもいいとか、誰よりも早く課長にしてやるとか、とにかく内定辞退を撤回しなさいと三時間くらい説得が続いたらしいです。

法学部B　それは悪質だね。社員に囲まれるとか、怖いなあ。

文学部A　とくに兄がプレッシャーを感じたのは、「君を採用するために何十名もの学生を落としたのに平気なのか」とか、「君が来なければ、今後、君の大学からは絶対に採用しないから」と責められたこと。

それでも兄は内定辞退を撤回しなかったんですが、最後には、入社承諾書を出したのに辞退するのは「裏切り者」で、「お前は社会人失格、人間失格だ」とか、「会社の人事採用に多大な損失を与えたから、損害賠償請求も覚悟しておけ」と捨て台詞を吐かれたそうで、ゲッソリして帰ってきました。

経済学部C　最低の会社だね。お兄さん、そんな会社に行かなくて、大正解だったじゃない！

就職アドバイザー　たしかに、その会社の態度は行き過ぎていますね。そこまでの嫌がらせがあったのであれば、経団連に通報されてはいかがですか？

これは、ある大学教授から聞いた話ですが、その先生のゼミの学生が内定辞退したところ、就職課から「来年から学生を採用してもらえなくなるから、先生から内定辞退を取り消すように指導してください」と言われたそうです。

文学部A　その先生は、どうしたんですか？

就職アドバイザー　その教授は、「そんな会社の内定を辞退したのは正しい」と学生を褒めて、就職課に、企業の脅しに屈しないようにと文句を言ったそうです。

経済学部C　あははは、それは立派な先生だわ！

就職アドバイザー　そもそも一般企業は、ある程度の内定辞退があることを当然想定していますから、「それは残念ですが、了解いたしました」と答えるのが普通です。

　むしろ、今後は就活生が社会人になって、場合によっては、取引相手や顧客の関係になる可能性もあるわけですから、「今後のご活躍をお祈り申し上げます」と激励するケースの方が多いはずですが……。

法学部Ｂ　そんな企業ばかりだったらいいでしょうが、内々定を出した瞬間から研修会とか懇親会とかの名目で呼び出して、「就職活動終われハラスメント」を繰り返す会社もあるわけでしょう。

経済学部Ｃ　「オワハラ」だね。逆に、そんな気質の会社だということがわかったら、すぐに断ればいいんだから、わかりやすいじゃない！

文学部Ａ　内定辞退で会社に行かなくてもいいということは、メールで通知しても大丈夫ですよね？

法学部Ｂ　そういえば、ネットで評判の「内定辞退メール」を見つけたよ[8]！

内定辞退メール

……慎重に検討いたしました結果、内定受諾を見合わせていただくことになりました。このような残念な結果をお伝えしなければならないことを、大変心苦しく感じておりますが、何卒事情をご高察くださいますよう、よろしくお願い申し上げます。

決して気落ちされるようなことなく、今後も自信を持って求人活動を続けていただければと存じます。なお、内定辞退に関するお問い合わせには回答いたしかねますので、悪しからずご了承下さい。

末筆になりましたが、貴社のこれからの一層のご活躍とご発展をお祈り申し上げます。

理学部D　あははは、この「内定辞退メール」はおもしろい。企業が送ってくる「お祈りメール」を逆手に取ったとは、抜群のアイディアじゃないか！

法学部B　どこまで事実なのかは不明だけど、この種のメールで内定辞退を通知した就活生がいて、人事担当者が「お怒りだった」という話……。

理学部D　たしかに、この書式は「慇懃無礼」というか、誰がもらっても愉快な性質の内容ではないからね。このメールを見たら、企業の人事担当者も、落とされた就活生の気持ちがわかるんじゃないかな。

就職アドバイザー　そのメールは冗談だとは思いますが、実際に、内定辞退をメールで通知するのはよくありません。メールを送信しただけでは、相手が読まなかったとか、届かなかったと言い張る可能性もあります。

それに、メールでは一方的な通知になってしまうので、それまで就活生を支援して内定を出してくれた人事担当者からすれば、やはり愉快なものではないでしょう。

内定辞退は、必ず電話で連絡することです。電話で「一身上の都合で内定辞退いたします」と人事担当者に明確に伝えて、自分に内定を出してくれた点については素直に感謝を述べて、内定を辞退する点については率直に謝れば、相手も気持ちよく理解してくれるはずです。

文学部A　内定辞退の理由を聞かれたら？

就職アドバイザー　必ずしも答える必要はないのですが、相手と円滑なコミュニケーションが成立していたら、自分としては別業種や別会社の方が合っているからと、正直に話してもいいかもしれません。

もし相手が怒っていて面倒だったら、大学院に進学することにしたとか、海外に留学するからなどと、適当に答えて構いません。電話の目的は、あくまで角を立てずに内定辞退を通知することですからね。

経済学部C　「内定辞退」って、しつこい男の子と別れるのと似ているね。メールだと後がうるさいし、会うと泣いたりするから、電話でうまく話して伝えるのが一番ということなのかしら?

就職アドバイザー　就職活動は、よく恋愛と似ていると言われますが、そのとおりかもしれません。最適のパートナーを探すのと同じような気持ちで就職活動に臨めば、最適な会社に就職できるのではないでしょうか。

そうなると、我々就職アドバイザーの仕事は、お見合いの仲人のようなものということになりますね。

経済学部C　すごく手数料の高い「仲人」さんだと思いますけど……。

就職アドバイザー　これは手厳しいですな、あははは……。

キャリアコンサルタントと内定辞退予測

理学部D　ちょっとネットで検索してみたんですが、「就職アドバイザー」の他にも「就職エージェント・就職カウンセラー・就職コンサルタント・キャリアアドバイザー・キャリアエージェント・キャリアカウンセラー・キャリアコンサルタント」など、就職を支援する仕事の名称は、数えきれませんね。

就職アドバイザー　近年は、大学の新卒採用ばかりでなく、中途採用の再就職支援、アルバイトの人材紹介や人材派遣、さらにハローワークのような行政機関のキャリア・コンサルティングに対するニーズが非常に高まってきています。

一般企業においても、従業員のキャリア・プランニングの明確化が求められ、社内で最適な業務選択を行うことができるようなシステム構築や、そのために必要な知識と資格の習得を支援する機会も増えています。

ですから、ヒューマン・パワーに関連する業種自体が多様化して、いろいろな名称の専門職が生じている状況といえます。もっとも、中には流行に乗った名前だけの怪しい業者がいることも事実ですが……。

弊社の就職アドバイザーは、全員が国家資格保持者ですから、いかなる就職やキャリアについてのご相談も、皆様から安心してご用命いただけるようになっております。

法学部Ｂ　就職アドバイザーに、国家資格があるんですか？

就職アドバイザー　厚生労働省が、二〇一六年四月に「キャリアコンサルタント」という国家資格を設けました。この資格を取得するためには、基本的に三年以上の実務経験に加えて、学科・実技の国家試験に合格しなければなりません。

　さらに、キャリアコンサルタントには「守秘義務」と「信用失墜行為の禁止義務」が課され、五年ごとに「登録証」を更新しなければなりませんから、その意味でもシッカリした国家資格といえます。

　皆様が就職アドバイザーを依頼される際には、ぜひ事前にキャリアコンサルタント登録者であることをご確認ください。少なくとも、いわゆる悪徳業者に引っ掛かる可能性は低くなると存じます。

理学部D　しかし、いくらキャリアコンサルタントを何人も抱えているような大手就職会社でも、大きな信用失墜行為があったじゃないですか。ほら、「内定辞退率」を予測して販売していた会社があったでしょう?

就職アドバイザー　「リクナビ」の運営会社が、政府の「個人情報保護委員会」から行政指導を受けた事件のことですね。

　二〇一九年八月一日、リクルートキャリアは、リクナビに登録していた就活生約八〇万人の中から約七万五〇〇〇人のデータを抽出し、特定の就活生が特定の企業の内定を辞退する確率を予測する「リクナビＤＭＰフォロー」を三八社に販売していたことを公表して、謝罪しました。

ここで大きく問題視されたのは、リクルートキャリアが、約八〇〇〇人のデータを本人の同意がないまま使用していたことでした。

文学部Ａ　どんなデータが使われたんですか？

就職アドバイザー　就活生がリクナビを使用する際、どれだけ他業種・他社サイトを閲覧したか、その閲覧先・閲覧回数、さらに本人がインプットした趣味・嗜好・家族関係などのデータだったようです。

リクルートキャリアは、これらの個人情報を数値化し、特定の就活生が特定の企業を内定辞退する確率を「人工知能」で五段階に算出して、その企業に販売していたわけです。

法学部Ｂ　僕らがリクナビで、どんな企業のページを何回見たとか、自分で打ち込んだ個人情報が勝手に使われていたとしたら、信じられないね！

就活生が不利益を被る可能性があるにもかかわらず、本人の同意を得ずに勝手に個人情報を企業側に提供したとなると、「職業安定法」に抵触するんじゃないですか？

就職アドバイザー　そのとおりです。そこで厚生労働省は、職業安定法に基づく行政指導も同時に行いました。結果的に、リクルートキャリアは、リクナビ全体のプライバシー保護の統括責任者を設置するなどの「再発防止策」を取り、すでに事態は改善されているという話です。

法学部Ｂ　日本のプライバシー保護は、一般に甘すぎると思いますね。このような事件が個人情報管理に厳しい欧米で起きたら、莫大な損害賠償請求訴訟が起こされていると思うんですが……。

文学部Ａ　そのデータを買い取ったのは、どんな会社ですか？

就職アドバイザー　リクナビＤＭＰフォローの契約を結んだ三八社には、自社「リクルートキャリア」と親会社「リクルートホールディングス」の他、「アフラック生命保険」、「京セラ」、「ＮＴＴコムウェア」、「ＮＴＴファシリティーズ」、「大和総研ホールディングス」、「トヨタ自動車」、「ホンダ」、「三菱電機」、「りそなホールディングス」、「レオパレス21」「ＹＫＫ」などが含まれていました。

理学部Ｄ　大手の立派な企業ばかりじゃないですか！　それらの企業が、採用するか否かの判定に、その「内定辞退率」を参考にしていたとは……。

就職アドバイザー　いえいえ、これまで報道されている限り、それら企業は、データを「内々定者をフォローするためのみ」、あるいは「勤務の志望度を上げるためのみ」に使用したということで、全社が揃って「採用の合否には使用していない」と答えているそうです。

理学部D　そのリクナビDMPフォローの値段は、いくらぐらいですか？

就職アドバイザー　一社当たり四〇〇万～五〇〇万円だったと聞いています。

理学部D　そんなに経費をかけているのに、「採用の合否には使用していない」なんて、ありえない話ではないですか？

たとえば、能力的に互角のA君とB君がいて、企業がどちらを採用するか迷っているとします。そこでリクナビDMPフォローのデータを見ると、その企業の内定辞退率がA君は六〇パーセント、B君が三〇パーセントだとすると、その企業はA君を落としてB君を採用するに決まっているじゃないですか！

医学部E　たしかに、そのとおりだろう。というか、そういう利用を目的とする以外に、わざわざ企業が「内定辞退率」を数百万円も出して買い取るほどの理由は考え難いからね。

とはいえ、このようなデータの売買が成立するということは、需要と供給が成立しているからでしょう。だから僕らも就職サイトでは、できる限り個人情報をインプットしないようにするとか、他企業の情報検索はその就職サイト以外で行うとか、幾つかの就職サイトに名前を変えて登録するとか、自衛手段を考えた方がいいかもしれない。

就職アドバイザー　あえて企業サイドからお話しすると、内定辞退には、多くの企業の人事担当者が頭を抱えている面もあるのです。

　ここにリクルートキャリア付属「就職みらい研究所」が編集した『就職白書二〇一九』のデータがあるのですが、これによると、全企業の平均内定辞退率は、四五・八一％になっています。つまり、全企業が出した内定の半分近くが辞退されているわけです。

　仮に企業の採用予定者を一〇〇名とすると、企業は一六七・二名に内定を出し、そのうち七六・六名が内定辞退し、最終的な内定数は九〇・六名になるという平均結果が出ています。

法学部B　私立大学の入試で、定員一〇〇名に対して一七〇名を合格させ、実際の入学者を一〇〇名に近付けるのに似ていますね。

　それにしても、実際の企業の平均内定数が九〇・六名になっているとは、まるで定員割れしているみたいじゃないですか！

就職アドバイザー　そのとおりです。各企業の人事担当者は、内定者の「歩留まり率」を読めないから困っているわけです。会社では、人事の年度予算が決まっていて、定員以上を採用してしまうわけにはいかないので、どうしても歩留まり率を高く見積もる傾向があるわけです。

ある大企業の人事担当者は、毎年春になると「なぜこんなに内定辞退者が出るのか」と社長から叱られると愚痴を言っていましたが、実は、中小企業も大企業でも、四〇％程度の内定辞退率に大きな変化はありません。

どのレベルの企業であっても、それなりに優秀な就活生が複数の内定を得てしまうため、このような現象が起こると考えられます。

理学部Ｄ　大学入試でも、実力のある学生が、滑り止めの私立大学一〇校に合格したりするよね。その学生が国立大学に進学したら、一〇校は辞退になるわけだから、就活でも似たような学生がいるんだろう。

就職アドバイザー　そればかりではありません。実は、最近の人事担当者が一番困っているのが、「内定辞退」を通知さえしない就活生が増えてきていることなのです。

文学部Ａ　通知しないって、そんなことできるんですか?

就職アドバイザー　業界では「サイレント辞退」と呼んでいるんですが、最も多いのが、採用活動を継続している途中で、突然、応募者と連絡が取れなくなるケースです。

私が人事担当者から聞いた話では、予定していた面接日に応募者が来ないので、電話やメールで連絡しても返信がない。大学の就職課に問い合わせても、当事者間の問題なので、大学は関与できないと言われたそうです。

もっと悪質なのは、内定式にまで出席していたにもかかわらず、四月になって出社してこないし、連絡もいっさい取れなくなって、調べてみると、海外の会社に就職していたというケースもあったそうです。

文学部A　それは、いくらなんでもマナー違反でしょう。

経済学部C　「サイレントお祈り」する企業があるんだから、「サイレント辞退」する学生がいても仕方がないんじゃない？

医学部E　要するに、企業と学生のコミュニケーションが円滑でないために、どちらかが相手を一方的に無視するような行動が生じているわけですよね。

これは就職活動という話以前に、企業側も学生側も、人間関係の基本的ルールとして考えなければならない問題ではないですか？

就職アドバイザー　まさに、おっしゃるとおりです。あらゆる企業が就活生に最も求めている資質が「コミュニケーション能力」ですから、それができない就活生は、その時点で失格と言えるかもしれません。

就職基礎能力と社会人基礎力

文学部Ａ　そもそも企業は、私たちに、どのような能力を求めているんでしょうか？

就職アドバイザー　それは業種によっても異なってきますが、厚生労働省は、二〇〇四年に日本の企業が求める「就職基礎能力」を実態調査して、次のように定義しています[9]。

医学部Ｅ　やはり「コミュニケーション能力」が最初に求められているんですね。これは、病院に勤務する医者も同じことですね。患者に対してだけではなく、「医療チーム」全員のコミュニケーションがスムーズに取れていなければ、大事故にもつながりかねない。

就職アドバイザー　この実態調査で興味深いのは、これらの「個別能力」と「採用可能性」の相関関係が報告されていることです。

その「採用可能性」の数値は、「コミュニケーション能力」＝一八・〇、「職業人意識」＝一八・〇、「基礎学力」＝一二・二、「資格取得」＝一一・三、「ビジネスマナー」＝七・〇となっています。これらを合計すると「採用可能性」は六六・五パーセントですから、就活生にとっては、どれも必要不可欠の能力といえます。

就職基礎能力

厚生労働省職業能力開発局

① コミュニケーション能力
・意思疎通（自己主張と傾聴のバランスを取りながら効果的に意思疎通ができる）
・協調性（双方の主張の調整を図り調和を図ることができる）
・自己表現力（状況にあった訴求力のあるプレゼンができる）

② 職業人意識
・責任感（社会の一員として役割の自覚を持っている）
・向上心・探求心（働くことへの関心や意欲を持ちながら進んで課題を見つけ、レベルアップを目指すことができる）
・職業意識・勤労観（職業や勤労に対する広範な見方・考え方を持ち、意欲や態度等で示すことができる）

③ 基礎学力
・読み書き（職務遂行に必要な文書知識を持っている）
・計算・数学的思考（職務遂行に必要な数学的な思考方法や知識を持っている）
・社会人常識（社会人として必要な常識を持っている）

④ ビジネスマナー
・基本的なマナー（集団社会に必要な気持ちの良い受け答えやマナーの良い対応ができる）

⑤ 資格取得
・情報技術関係の資格（社会人として必要なコンピュータの基本機能の操作や情報処理・活用ができる）
・経理・財務関係の資格（社会人として必要な経理・会計、財務に関する知識を持ち活用ができる）
・語学関係の資格（社会人として必要な英語に関する知識を持ち活用ができる）

医学部Ｅ　それにしても、特定の「資格取得」は別として、ここに挙げられている「コミュニケーション能力・職業人意識・基礎学力・ビジネスマナー」というのは、最低限度の「就職能力」というか、社会人であれば当然持っていなければならない能力でしょう。

就職アドバイザー　たしかに、おっしゃるとおりです。

そこで皆様が、就職活動における自己能力を判断するために便利なのは、経済産業省が二〇〇六年から提唱している「社会人基礎力」です。

こちらでは、「前に踏み出す力」・「考え抜く力」・「チームで働く力」の三つの「力」を設定し、それぞれの「能力要素」を提示しています。[10]

法学部Ｂ　この一二の能力があれば、ようやく「社会人」として立派に認められるということなのか……。

就職アドバイザー　「社会人基礎力」の修得も、「インターンシップ」への参加と同様に、国を挙げての推進事業といえます。

経済産業省が二〇一八年に「我が国産業における人材力強化に向けた研究会」で報告した結果でも、「社会人基礎力」はますます「重要性を増して」いると位置付けられています。

皆様は、ここに挙げられている一二の「社会人基礎力」の一つ一つについて自分に当ては

社会人基礎力

経済産業省

●前に踏み出す力（アクション）
①主体性（物事に進んで取り組む力）
（例）指示を待つのではなく、自らやるべきことを見つけて積極的に取り組む。
②働きかけ力（他人に働きかけ巻き込む力）
（例）「やろうじゃないか」と呼びかけ、目的に向かって周囲の人々を動かしていく。
③実行力（目的を設定し確実に行動する力）
（例）言われたことをやるだけでなく自ら目標を設定し、失敗を恐れず行動に移し、粘り強く取り組む。

●考え抜く力（シンキング）
④課題発見力（現状を分析し目的や課題を明らかにする力）
（例）目標に向かって、自ら「ここに問題があり、解決が必要だ」と提案する。
⑤計画力（課題の解決に向けたプロセスを明らかにし準備する力）
（例）課題の解決に向けた複数のプロセスを明確にし、「その中で最善のものは何か」を検討し、それに向けた準備をする。
⑥創造力（新しい価値を生み出す力）
（例）既存の発想にとらわれず、課題に対して新しい解決方法を考える。

●チームで働く力（チームワーク）
⑦発信力（自分の意見をわかりやすく伝える力）
（例）自分の意見をわかりやすく整理した上で、相手に理解してもらうように的確に伝える。
⑧傾聴力（相手の意見を丁寧に聴く力）
（例）相手の話しやすい環境をつくり、適切なタイミングで質問するなど相手の意見を引き出す。
⑨柔軟性（意見の違いや立場の違いを理解する力）
（例）自分のルールややり方に固執するのではなく、相手の意見や立場を尊重し理解する。
⑩情況把握力（自分と周囲の人々や物事との関係性を理解する力）
（例）チームで仕事をするとき、自分がどのような役割を果たすべきかを理解する。
⑪規律性（社会のルールや人との約束を守る力）
（例）個々の職業倫理に照らし、自らの発言や行動を適切に律する。
⑫ストレスコントロール力（ストレスの発生源に対応する力）
（例）ストレスを感じることがあっても、成長の機会だとポジティブに捉えて肩の力を抜いて対応する。

めて検討し、どれが不足しているかを再認識してください。

　実際の就職活動が始まるまでに、できる限り欠ける部分がないように、自分を磨かなければなりませんから、ぜひぜひがんばってください！

理学部Ｄ　僕は「考え抜く力」に挙げられている能力は比較的得意だけど、「ストレスコントロール力」とか、自信ないな……。

経済学部Ｃ　私は苦手な能力ばかりだけど、「ストレスコントロール力」だけは自信あるかも！

就職アドバイザー　これまでに私は、何度も「自己分析」と「企業分析」が必要だと申し上げてきました。就職活動の極意は、この二点に尽きます。

　すなわち、「敵を知り己を知れば百戦危うからず」です！

文学部Ａ　『孫子』の兵法ですね。「敵を知り己を知れば百戦殆《あや》うからず。敵を知らずして己を知れば、一勝一負す。敵を知らず己を知らざれば、戦う毎に必ず危うし」……。

経済学部Ｃ　それ、どういう意味？

文学部Ａ　「敵と味方を熟知していれば、百回戦っても負けることがない。敵を知らず味方のことだけを知っていれば、勝負はつかない。敵のことも味方のことも知らなければ、必ず負ける」という意味。

就職アドバイザー　皆様、お疲れさまでした。本日の就職セミナーは、これにて終了いたします。

最後に、私から皆様に「自己分析ツール」をプレゼントいたします。この中には、「マインドマップ・自分史・モチベーショングラフ・ＳＷＯＴ分析・ジョハリの窓」の五種類の分析ツールが含まれています。これらを使って、徹底的な「自己分析」にお役立てください。

皆様の就職活動における大成功をお祈りします！

一同　ありがとうございました！

第2章
人間関係における自己分析

学生相談室

文学部A　就職活動について相談に来たんですが、よろしいでしょうか？

心理カウンセラー　そういう質問だったら、大学では就職課の担当だと思うけど、どうしたの？

文学部A　私たち、就職課が開催した就職セミナーを受けてきたんです。そこで五種類の「自己分析ツール」をもらって、ちょうど五人で各々のツールを完成させたので、その結果を見ていただきたいんです。

心理カウンセラー　そのツールを配布した就職セミナーでは、フィードバックしてくれないのかしら？

法学部B　初回のセミナーでは、有名な就職アドバイザーが来て、いろいろと役に立つ情報を教えてくれたんですが、二回目以降は受講料が掛かるので……。

経済学部C　しかも、その受講料が高いんです！　その就職セミナーを継続受講して、企業別専用テスト対策講座を受けて、就職サポート料も払ったら、莫大な金額になるんですよ！

法学部B　まあ、彼らは、就職斡旋を商売にしているプロフェッショナルだからね。実績があればあるほど、受講料が高くなっていくのも、ある程度は仕方がないことなのかもしれないけど……。

理学部Ｄ　しかし、ぼくらは、そこまで就活のためにお金も掛けたくないし、時間も束縛されたくないんです。

医学部Ｅ　本来「自己分析」といえば、心理学の領域の話ですよね。[11]

心理カウンセラーは「臨床心理士」の資格もお持ちだし、いろいろと教えていただけたらありがたいです。

心理カウンセラー　就活の面接で緊張してしまうとか、就職先を決められなくて困っているという悩みの相談はよく受けるんだけど、「自己分析」そのものの相談は珍しいわね。でも、私にできることだったら、お手伝いしましょう。

まず、そのツールの結果を見せてもらえるかしら……。

自己分析ツール1

文学部Ａ　私は、「マインドマップ」を書いてみました。[12]

この自己分析は、①白い紙の中心に「自己像」を書く、②自分が生きていくうえで大切にしている「言葉」を周囲に書いて太い線でつなぐ、③その「言葉」から連想する別の「言葉」を書いて細い線でつなぐ、④以下、派生する「言葉」を広げていく、という方法です。

心理カウンセラー　よくできているじゃない！「文学」と「夢」、それに「愛」と「死」、一つ一つの言葉から、A子さんの個性が浮かび上がってくるわね。

一点だけ、あなたのマップは白い紙に黒いペンで描いてあるけど、もっと色彩を使うと、視覚的なイメージが広がるわよ。

文学部A　このマップを描いてみると、私とは何なのか、以前より具体的に見えてきた気がします。でも、次から次へとイメージが広がってきて、いくらでも書き足せそうで、いつまで描いていても終わりがないので、どこで打ち切ればよいのか迷ってしまって……。

心理カウンセラー　この自己分析の目的はね、マップを完成させるというよりも、それを描いていく「プロセス」に意味があるのよ。

「自分とは何か」といっても漠然としすぎているから、このように図式化することによって、イメージを具象化していくことが最大の目的。何といっても、情報を視覚的に整理するためには、図式化するのが便利でしょう?

理学部D　数理科学で使う「アルゴリズム」とか「フローチャート」みたいなものですね。

マインドマップ　文学部A

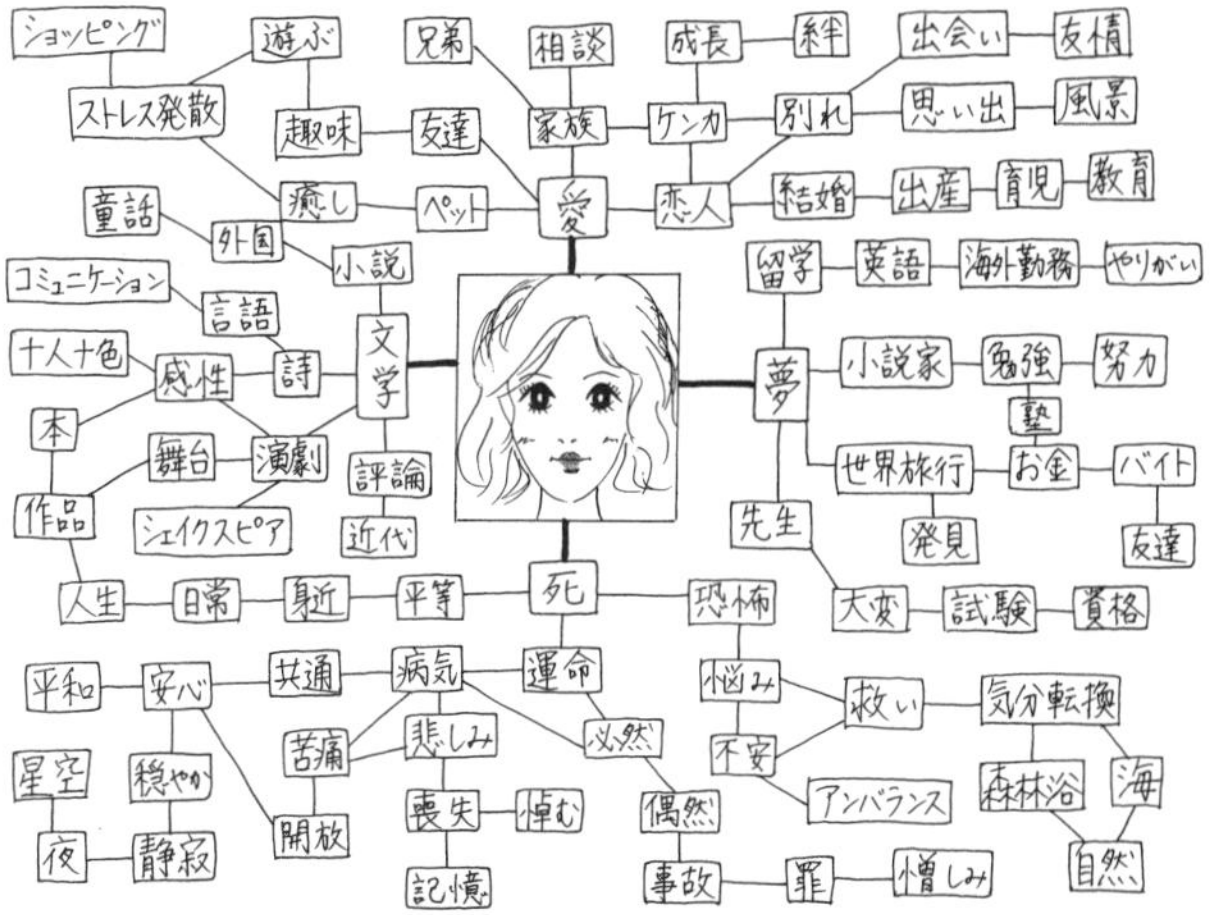

それを心理学に応用したわけか。

心理カウンセラー　もともと「マインドマップ」を開発したトニー・ブザンは、カナダのブリティッシュコロンビア大学で数学と心理学を専攻した研究者だから、たしかに数理科学の発想を応用したのかもしれないわね。

彼は、その後サイモンフレーザー大学大学院に進学して、「メンサ（ＭＥＮＳＡ）」の学生支部で機関誌の編集長を務めていたのよ。

医学部Ｅ　「メンサ」といえば、ＩＱが高くなければ入会できない団体ですよね。たしか、知能レベルが各国人口の上位二パーセントでなければ入会できなかったはず。

心理カウンセラー　「ウェクスラー成人知能検査（ＷＡＩＳ）」という一六歳以上の成人用に開発されたＩＱテストがあるんだけど、このテストは、膨大なサンプルを集めて、平均値が一〇〇、標準偏差が一五になるように作られている。

一般に、およそ三分の二の成人の知能指数が八五〜一一五に含まれるんだけど、メンサのメンバーになるためには、知能指数一三〇以上が必要だといわれているわ。

といっても、この「知能指数」をどこまで「知能」の尺度として信頼してよいのかについては、心理学者の間でもいろいろな議論があるんだけどね。

医学部Ｅ　「マインドマップ」というのは、いかにもＩＱの高い人が創り出しそうな方法ですね。

法学部Ｂ　僕は絵が苦手だから、こういうマップを描くのは苦手だな……。

心理カウンセラー　そういう人のためには、「マインドマップ」作成のためのデジタル版フリーソフトがたくさんあるから、試してご覧なさい。

ネットで「マインドマップ」と「フリーソフト」で検索すれば、いくらでも探せるわよ。これなら、簡単に自分専用のマップを作成できるでしょう。[13]

法学部Ｂ　そうですか、それならやってみようかな！

心理カウンセラー　欧米では、「マインドマップ」は、思考の「整理法」あるいは「発想法」として広く用いられていてね。

　たとえば、論文の基本的なアウトラインを構成するとか、今月やらなければならないことを整理しておくとか、会社の企画会議で出された意見をまとめるとか、与えられた状況に応じて、いろいろなデジタル版ソフトが開発されている。もちろん、英語版が中心だけど、日本語版もあるわよ。

文学部Ａ　そんなに有名な方法だったんですか！

心理カウンセラー　一口に「マインドマップ」と言っても、膨大な数のバージョンがあるわけ。あなたが就職セミナーでもらった「自己分析ツール１」は、「マインドマップ」の簡易版のようなものね。

　もともと「マインドマップ」が欧米で大評判になったのは、ブザンが、一九七四年にイギリスＢＢＣのテレビ番組「頭を使え（Use Your Head!)」で紹介してから。彼は、その内容を元に『頭が良くなる本（Make the Most of Your Mind)』という本を書いて、これが四〇以上の言語に翻訳されて、世界的なベストセラーになった。ウォルト・ディズニーやＩＢＭ、マイクロソフトなどのグローバル企業の各部門でも採用されているみたいよ。

ブザンは、「マインドマップ」で思考を整理する習慣がつけば、物事の全体像を見渡すことができ、発想が豊かになって記憶力も増し、自分の力で問題を解決できるようになることによって、コミュニケーション能力も伸びると説いている。

経済学部C　そんなに効力があるんですか？

心理カウンセラー　あはは、彼の宣伝は、ちょっと大げさかもしれないけどね。

ここで注意してほしいのは、ブザンが、少なくとも三色以上の色彩を使って「マインドマップ」を描くように指示していること。これは、色彩によって脳内を刺激して、記憶を残すためにも大切なことなの。

それから、彼が何度も強調しているのは、楽しんで描くことよ！

自己分析ツール2

法学部B　僕は、「自分史」を書いてみました。

この自己分析は、①縦欄に「幼少期・小学校・中学校・高等学校・大学」、横欄に「ポジティブ・ネガティブ」で分けた表を作り、②これまで生きてきた自分の歴史を振り返って、主要なポジティブとネガティブの出来事の要点を箇条書きで記入していく、という方法です。

自分史　　法学部B

	幼少期	小学校	中学校	高等学校	大学
ポジティブ	・両親の一人っ子で祖父母の初孫でもあり、かわいがられる ・幼稚園以来の親友ができた	・毎年、夏休みに伊豆の別荘に行った ・海で遠泳 ・ボートで魚釣り ・運動会で選手宣誓した	・サッカー部に入部 ・副キャプテンとしてチームをまとめる ・夏休みに自転車で伊豆半島を一周した	・震災地域でボランティア活動 ・サッカー県大会ベストエイト ・法学部に進学して弁護士を目指す決心がついた	・英会話サークルが楽しい ・サーフィンも始めた ・国際関係論のゼミで幹事 ・国際ビジネスに興味が出る
ネガティブ	・祖父が亡くなってショックを受ける	・ピアノと習字の塾に通い始めたが、どちらも続かずやめてしまった ・いじめられている同級生を救えず罪悪感を抱く	・高校受験の勉強が辛かった ・数学と理科がわからなくなる	・初恋の相手に告白するがフラれる ・数学と理科が苦手なので文系を選択 ・古文や漢文にも興味が湧かず消去法で法学部を志望	・「六法」や「判例」を暗記するのが嫌になる ・司法試験を諦める ・TOEIC の点がなかなか伸びない ・少し遊びすぎた

心理カウンセラー　カウンセリングでも「自分史」を書くことを推奨しているんだけど、これも過去の自分を見つめ直すには、いい方法ね。B君の自分史も、「弁護士」から「国際ビジネス」へ志望が変わっていく様子がよくわかる。

とくに、ポジティブに挙げてあるエピソードは、就活の「自己PR」でも必要になるから、ある程度掘り下げて、説明できるようにしておくといいわよ。

それから、ポジティブとネガティブの比率を三対一にするのが秘訣なのよ。

法学部B　三対一ですか？

心理カウンセラー　私がカウンセリングした学生全員に勧めている「ストレス解消法」があってね。

それは、毎日就寝する前に簡単な日記を書くこと。日記帳やノートに書いてもいいし、SNSに投稿するような方法でもいいんだけど、とにかく寝る前に、その日に経験したネガティブなことを一つ、ポジティブなことを三つ箇条書きで表現する、という方法。

経済学部C　そんなことで、ストレスを解消できるんですか？

心理カウンセラー　効果抜群だから、ぜひ試してみてご覧なさい。

経済学部C　私、ネガティブなことはすぐに忘れるようにしているので……。

それだったら、ポジティブなことだけを三つ書く方がよくないですか？

心理カウンセラー　たしかに、ポジティブなことだけを重視したい気持ちもわかるんだけど、ネガティブなことは、その場で忘れたつもりでいても、本当は心の奥底に蓄積されていくものなの。だから、しっかり見つめ直しておくことが大事なのよ。

これには、科学的な根拠があってね。テキサス大学オースティン校の社会心理学者ジェームズ・ペネベーカーが、「書くことは癒しにつながる」ことを認知科学的に立証しているのよ[14]。

医学部E　それは、どうやって立証したんですか？

心理カウンセラー　彼は、「記述」が「感情」に与える効果を研究したエキスパートで、この分野の心理実験を子どもから大人まで、さまざまな階層の数千人に対して何十種類も行い、一五〇以上の論文を書いているの。

　たとえば、ある実験では、被験者を二つのグループに分けて、Aグループには「過去に感情的に大きな影響を受けた出来事」、Bグループには「現在の日常的な出来事」について書いてもらった。

　これを一日に約二〇分、三日間続けただけで、Aグループの方が、Bグループよりも、憂鬱感や不安感が和らぎ、幸福感が上昇することが確認された。

　さらに、この実験を数か月継続すると、Aグループの方は、血圧が低下し、免疫力が高まり、病気になる回数の減少も見られた。つまり、辛かった経験を「書く」ことによって、ストレスが軽減されることがわかったというわけ。

医学部E　「過去に感情的に大きな影響を受けた出来事」というのは、どういう内容なんですか？

心理カウンセラー　その内容は、私も論文を読んだときに驚いたんだけど、予想以上に重い話が多かったわね。一見すると普通の人々が抱えていた、幼少期に受けた虐待、大事な家族の闘病や死亡の様子、深く愛していた人に裏切られたショックなど。これまで誰にも話したことがなく、心の奥底にしまい込んでいた話の数々……。

ある女性は、一〇歳のとき、床におもちゃを置きっぱなしにしていたら、大好きな祖母がそのおもちゃに躓《つまず》いて転倒し、頭を強打して、そのまま亡くなってしまった。彼女は、その経験をずっと胸にしまい込んで、塞ぎがちな毎日だったんだけど、それを書くことによって自分を取り戻せたと述べている。

ネガティブな経験も、言葉にして明確に書くことができれば、その感情を冷静に客観視できるでしょう。そして、自分の書いた文章を読み返すことによって、改めて自分の心と向き合い、マイナスの感情をコントロールできるようになるのよ。

医学部E　なるほど、それは非常に興味深い！

心理カウンセラー　テキサス州ダラスのコンピュータ会社が業績不振に陥って、やむをえず、エンジニアを百人以上まとめて解雇したことがあった。大多数が入社以来ずっと会社に貢献してきた五〇歳以上のベテラン技術者で、他の仕事に就いた経験もなく、皆、茫然として無気力になってしまった。だから、それから三か月以上が過ぎても、誰一人として再就職できなかった。

　そこでアドバイスを求められたペネベーカー教授は、彼らを三つのグループに分けた。Ａグループには、ネガティブな感情を率直に書いてもらい、Ｂグループには、日常的な日記を書いてもらい、Ｃグループには、何も指示しなかった。

　さて、どうなったと思う？

経済学部Ｃ　Ａグループが、元気一杯になったんですか？

心理カウンセラー　あはは、そんな簡単にはいかないけどね。

　でも、Ａグループのエンジニアたちは、解雇された屈辱感と社会的な疎外感、怒りと悲しみ、自分と家族の将来への不安について、ありのままの気持ちを率直に書くことによって、自分のマイナスの感情と向き合うことができた。

　すると彼らは、解雇以来の投げやりだった気持ちに整理がつき、新たな仕事にチャレンジする意欲が出てきた。それから三か月後、Ａグループは、ＢとＣの対照グループに対して、約三倍もの比率で再就職できたということなのよ。

法学部B　約三倍の再就職率というのは、かなりの成果ですね！
経済学部C　これまで私は、ネガティブなことはすぐに忘れようとしてきたんだけど、本当はそこから目を逸らして、逃げていただけなのかもしれません。
　これからは、ハッキリ書いて残すことにしようかな……。
心理カウンセラー　ペネベーカーの研究によれば、ネガティブな経験は、口に出すだけでもストレス対策になることがわかっている。何か嫌なことがあったとき、家族や友達に話を聞いてもらうだけでも心が落ち着くでしょう？
　スマートフォンのボイスレコーダーに、その日あったネガティブなことを録音するだけでも効果があるのよ。
経済学部C　それはいいことを聞きました！
　本当のことを言うと、私は日記を続けたりするのが苦手だから、録音が一番合っているわ。
文学部A　C子のネガティブな話、おもしろそうだから、今度聞かせてね。
経済学部C　それは秘密だからダメ。A子の悪口が入っているかもしれないし。
文学部A　私の悪口って、どういうこと？
経済学部C　あははは、冗談、冗談……。

法学部Ｂ　カウンセラーさんのお勧めは、「その日に経験したネガティブなことを一つ、ポジティブなことを三つ箇条書きで書く」という方法でしたが、ポジティブなことが三つもなかったら、どうすればいいんですか？

心理カウンセラー　どんなに些細なことでもいいから、一日を振り返って、ポジティブな出来事を探すのよ。単に、天気が良かったことでもいいし、道端の花が咲いていたことでもいいし、コンビニの店員がニッコリ笑ってくれたことでもいい。

要するに、ネガティブ一つに対して、ポジティブ三つを探すことが大事なの。そうすれば、毎日が楽しくなるでしょう？

法学部Ｂ　なるほど、おっしゃる意味がわかりました。僕も、今日からやってみよう！

自己分析ツール３

経済学部Ｃ　私は、「モチベーショングラフ」を書いてみました。

この自己分析は、①縦軸に「モチベーション」、横軸に「年齢」で分けた表を作る、②これまで生きてきた自分の歴史を振り返り、主要な出来事の要点を記入する、③その要点に至るモチベーションの上げ下げを記入してグラフにする、という方法です。Ｂ君の「自分史」

をグラフ化したようなものですね。

心理カウンセラー　これもよく書けているわね。

「自分史」も「モチベーショングラフ」も、過去の出来事を要点にして「原体験」を確認する意味があるんだけど、グラフにすると、どこに頂点と底点があるか、よくわかるでしょう？

これを見ると、C子さんは、小学校のときバレエコンクールに出たこと、高校のチアリーディング大会で優勝したことの二つが頂点になっているわね。

経済学部C　私は、三歳からバレエを始めて、バレリーナになるのが夢だったんです。でも、中学になると急激に身体が成長し始めて、一生懸命ダイエットしたんだけど、ダメだった。それで、泣く泣く諦めた経験があるんです。

理学部D　バレリーナって、君みたいに背が高いと、なれないの？

経済学部C　当たり前でしょ、男性が軽々と持ち上げられないんだから！

理学部D　なるほど、バレリーナは小柄な女性が適しているわけか。

競馬の騎手に体重制限があるのと似ているね。重すぎると、馬が速く走れないから……。

経済学部C　それでバレエをやめて、高校ではチアリーディング部に入りました。すごく仲

モチベーショングラフ　経済学部C

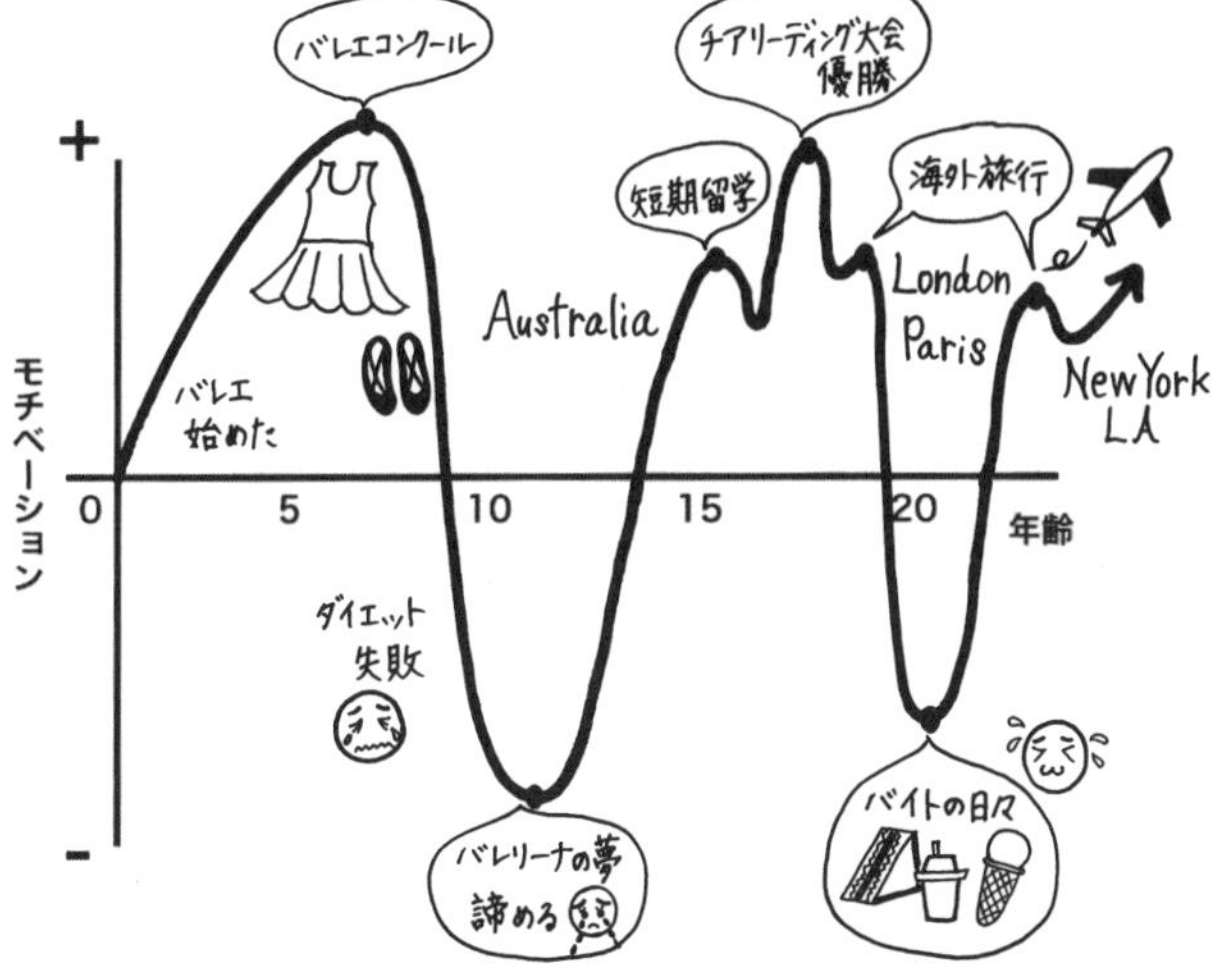

のいいチームで、皆で毎日猛練習して、関東大会で優勝できた。あの頃が、一番充実していたかもしれない。

文学部A　それなのに、どうして大学の経済学部に来たの？

経済学部C　本当はね、ダンス部のある体育系の大学に行きたかったんだけど、それでは就職が大変になるからダメだって、親と親戚に猛反対されたのよ。ダンスだったら、趣味でも続けられるじゃないかって……。

　高校時代の友達が今、ニューヨークのダンス・スクールに通っているんだけど、自由にさせてもらえる彼女が羨ましいわ。

心理カウンセラー　あなたのグラフには、

他にも幾つか「山」になっている部分があるじゃない。高校一年生のときの留学経験とか海外旅行……。

経済学部C　そうそう、バレエを諦めて落ち込んでいたのを見かねたのか、高校一年の夏休みに、親がオーストラリアのシドニーに短期留学させてくれたんです。二週間のホームステイだったけど、すごく楽しかった。

　それで、大学に入ってからも、バイトでお金をためて、春休みと夏休みに海外旅行するのが趣味になって、その部分だけはモチベーションが上がっているんです！

文学部A　ニューヨーク、ロンドン、パリ、ロサンジェルス……。こんなに海外旅行が好きなんだから、C子は航空会社のCAになればいいんじゃない？　笑顔がいいんだから！

理学部D　たしかに、国際線のCAだったら、C子にピッタリだよ。世界中を飛び回れるなんて、すごく楽しそうじゃないか。

経済学部C　ダンスとか音楽に関係した就職先のことばかり考えていたけど、そういう生き方もあるかもね。考えてみようかな……。

自己分析ツール４

理学部Ｄ　僕は、「ＳＷＯＴ分析」をやってみました。[15]

この自己分析は、①「強みＳ（STRENGTHS）」・「弱みＷ（WEAKNESSES）」・「機会Ｏ（OPPORTUNITIES）」・「脅威Ｔ（THREATS）」に四分割した表を作る、②自分については「どのように強みを活かすか」・「どのように弱みを克服するか」の要点、社会に対しては、「どのように機会を利用するか」・「どのような脅威が考えられるか」の要点を記入する、という方法です。

調べてみたら、これは自己分析だけではなくて、企業分析でも用いられている方法のようですね。

心理カウンセラー　そうそう。自己分析と企業分析だけではなくて、一般的な意思決定の分析にも用いられるのが「ＳＷＯＴ分析」なのよ。

もともとは、スタンフォード研究所のビジネス・コンサルタントだったアルバート・ハンフリーが一九七〇年代に生み出した分析方法だといわれているんだけど、その前からハーバード大学のビジネス・スクールで用いられていたという説もある。いずれにしても、アメリ

SWOT分析　理学部D

強み（STRENGTHS）	弱み（WEAKNESSES）
●研究熱心 ●集中力と持続力 ●観測チーム・メンバーからの信頼	●研究だけしか取り柄がない ●要領が悪い ●社会性が乏しい
機会（OPPORTUNITIES）	**脅威（THREATS）**
●メーカーの研究・開発職の需要 ●海外勤務の可能性 ●未知の分野への取り組み	●メーカーに新製品開発の余裕がない ●応用研究で即座に実用化を迫られる ●基礎研究を軽視する効率優先の社会

カのビジネス業界では、基礎的なテクニックとして、よく用いられている方法でね。

　たとえば、ある会社がビジネスに参入するか否かを決定するためには、「内部要因」と「外部要因」を見極める必要があるでしょう?

「内部要因」としては、その会社の「強み」と「弱み」を再確認し、外部要因としては、現時点でビジネスに参入するだけの「機会」があるのか、それに対する「脅威」は何かを考察して、決定を下さなければならない。

　これを「自己分析」に応用した方法なんだけど、D君は、よく自分の特徴を掘り下げているわね。

理学部D　この表を作成しながら、つくづく思ったのは、僕は研究が好きで、他に何の取り柄もないということです。

　留学経験もないし、観測が忙しいのでバイトもできないし、大学と自宅の往復だけで社会との接点がないので、マトモに就職できるのか、我ながら心配になってきました。

心理カウンセラー　「大学で研究だけしかしていません」というのも、それはそれで立派な個性なんだから、心配しなくて大丈夫よ。企業にだって、あなたにピッタリの研究系の仕事がたくさんあるでしょう。

文学部A　D君は、太陽の研究しているんだよね。すごくおもしろそう。

経済学部C　太陽の研究って、どういうこと？

理学部D　僕は、太陽の「黒点」を卒業研究のテーマにしているんだ。晴れている日は毎日、大学附属天文台の天体望遠鏡で黒点を観測して、いろいろとデータを分析している。

経済学部C　太陽の「黒点」って、何なの？

理学部D　「黒点」というのはね、太陽の表面で黒い点のように見える部分のこと。太陽の表面温度は約六〇〇〇度なんだけど、それに比べて極端に温度が低い四〇〇〇度程度の領域だから、地球から観測すると黒い点に見えるわけ。

　黒点は、太陽の磁場の影響で発生する。太陽の活動が活発になると、磁場が凄まじく乱れて、表面に磁場が強い場所と弱い場所が出現する。その結果、表面温度に大きな変化が生じて、黒点の数が多くなる。ところが、太陽の活動が低下すると、磁場が落ち着いてきて、黒点の数も減少する。

　これまでの研究によると、太陽の黒点数は、一定期間で増減していることがわかっていてね。実におもしろいことに、太陽活動は一一年周期で強くなったり弱くなったりしているんだよ。現在の周期は、二〇〇八年一二月の頂点から下降を始めていて……。

文学部A　ということは、ちょうど一一年が過ぎた今、太陽の活動は最も弱まっているの？

理学部D　そのとおり。二〇一八年の一月には、黒点がまったく見えない時期もあったくらい太陽活動が弱くなっていたんだけど、二〇二〇年あたりから、再び活発化しそうだと予測されている。だから、とくに今年と来年は、卒業研究から手を離せない状況なんだよ。

経済学部C　太陽の活動って、私たちに何か関係あるの？

理学部D　関係は大あり！　ここ数年は太陽活動が弱まっているから、冬はすごく寒くなっているだろう？　もし太陽の活動が極端に弱まったら、地球は再び氷河期に突入するかもしれないんだよ！

　それに、太陽の磁場は、地球の磁場にも大きな影響を与えている。太陽の黒点数が増加するだけで、地球上で電波障害が起こることだってあるんだ！

経済学部C　それは失礼しました。大事な研究なんだね。

そのD君の研究熱心なところ、集中力や継続力は立派な「強み」なんだろうけど、自分で書いてある「要領が悪い」とか「社会性が乏しい」という「弱み」は、どうやってカバーするの？

心理カウンセラー　SWOT分析の「弱み」については、必ずしも修正する必要はないのよ。というのは、それだって個性の一部だし、成人を迎えた大学生になって、簡単に自分の性格を変えられるものではないでしょう？

物事には、何でも二面性がある。だから、就職活動する際には、ネガティブにばかり捉えないで、ポジティブに表現するようにトライすること。

法学部B　どうやってポジティブに表現するんですか？

心理カウンセラー　たとえば、D君の「弱み」に出てくる「要領が悪い」のは「ルールを遵守してしっかり物事を進める」、「社会性が乏しい」のは「自立心が旺盛」とも言い換えられるでしょう？

「自分に自信がない」のは「謙虚な性格」、「人見知り」なのは「感受性豊かな性格」、「頑固な面がある」のは「強い信念を貫く性格」のようにも表現できる。ちょっとコジツケ気味ではあるんだけど、このくらいポジティブに捉えることが大事なのよ。

法学部B　言い換えるだけで、まったくイメージが変わりますね。

それでは、SWOT分析の「外部要因」は、どのように考えればいいんでしょうか?

心理カウンセラー　今後、志望する企業を選んだら、「内部要因」の「強み・弱み」を「自己分析」、「外部要因」の「機会・脅威」を「企業分析」に当てはめて考えれば、自分と企業の組み合わせがフィットしているか否か、わかりやすく判断しやすくなると思うわよ。

法学部B　自分の「強み・弱み」に対して、志望企業がどんな「機会・脅威」を与えているのか、整理して考えるということですね。これは、役に立ちそうだ。

自己分析ツール5

医学部E　僕は、「ジョハリの窓」を書いてみました。[16]

この自己分析は、①「開放の窓」（自分も他者も知っている自己）・「秘密の窓」（自分は知っているが他者は知らない自己）・「盲点の窓」（自分は知らないが他者は知っている自己）・「未知の窓」（自分も他者も知らない自己）に四分割した表を作る、②自分で調査票の自分に合致する項目に○をつける、③他者に調査票の別の用紙の自分に合致する項目に○をつけてもらう、④自分と他者が○をつけた項目の番号を「開放の窓」、自分だけが○をつけた項目

ジョハリの窓　医学部E

	自分は知っている	自分は知らない
他者は知っている	**開放の窓** 〈自分も他者も知っている自己〉 ②、③、⑥、⑦、⑧、⑩、⑪、⑫、⑬、⑭、⑯、⑱、⑳、㉒、㉕、㉘、㉚、㉜、㉟、㊱、㊵、㊶、㊷、㊹	**盲点の窓** 〈自分は知らないが他者は知っている自己〉 ⑲、㉑、㉔、㉖、㊲、㊳、㊺
他者は知らない	**秘密の窓** 〈自分は知っているが他者は知らない自己〉 ①、㉙、㉞、㊸、㊻	**未知の窓** 〈自分も他者も知らない自己〉 ④、⑨、⑮、⑰、㉓、㉗、㉛、㉝、㊴

の番号を「秘密の窓」、他者だけが○をつけた項目の番号を「盲点の窓」、どちらにも○のない項目の番号を「未知の窓」に記入する、という方法です。

　ここに挙げた結果は、僕が姉に書いてもらった調査票に基づく分析ですが、両親や友人にも書いてもらおうと思っています。

心理カウンセラー　この分析にも、E君の個性がよく表れているわね！

「ジョハリの窓」は、サンフランシスコ州立大学の心理学者ジョセフ・ルフトとハリントン・インガムが一九五五年に発表した「人間関係における気づきのモデル」のことで、二人の名前を組み合わせて「ジョハリ」と名付けたわけ。

　一般に「自己分析」というと、「自分から見た自分」を分析する方法が多いんだけど、「ジョハリの窓」は、「他者から見た自分」としての「他己分析」も組み込んでいるでしょう。当時から斬新な発想として広く受け入れられて、今でもよく用いられている方法なのよ。

オリジナルの方法では、自分に対する評価を、自分と他者が自由に文章で記述して描写するんだけど、他者からすれば、本人を目の前にして正直に記述するのが難しい面もあるわね。

そこで、調査票を使って番号を選択する形式が主流になったのよ。

この方法では、番号を選ぶだけだから、特徴がハッキリ表れやすいんだけど、難点は、○を付けるか否かの二者択一を簡単に選べないものがあること。

医学部E　そうなんですよ、自分でも○を付けてよいのかどうか、わからないものがありましたから。

それにしても、僕の「盲点の窓」に「㉔他者の評価を気にしない」が入っていたのは驚きました。本当の僕は、かなり他者の評価を気にする部分があるんですが、姉はもっと楽観的な人間だと思っているみたいです。

ショックだったのは、「秘密の窓」に「㊸センスがある」が入っていたこと。僕自身は「センスがある」と思っているのに、姉はそう思っていないということなので……。

心理カウンセラー　今も言ったけど、お姉さんも、それに○を付けるかどうか迷ったかもし

「ジョハリの窓」調査票

私に該当するものを選んで○をつけてください。

①勝気である	㉔他者の評価を気にしない
②交際好きである	㉕信頼できる
③集中力がある	㉖親切である
④流行を取り入れる	㉗冒険を好む
⑤自信がある	㉘行動力がある
⑥真面目である	㉙慎重である
⑦陽気である	㉚問題解決能力が高い
⑧几帳面である	㉛統率力がある
⑨挑発されない	㉜教えるのが上手い
⑩健康的である	㉝交渉が上手い
⑪柔軟性がある	㉞企画力がある
⑫めげない	㉟判断力がある
⑬話し上手である	㊱責任感がある
⑭現実的である	㊲傾聴力が高い
⑮悩まない	㊳状況を判断できる
⑯賢い	㊴大胆である
⑰過去にとらわれない	㊵穏やかである
⑱忍耐強い	㊶フレンドリーである
⑲自分の能力を理解している	㊷論理的である
⑳落ち着いている	㊸センスがある
㉑協調性がある	㊹自発的である
㉒礼儀正しい	㊺共感的である
㉓人をねたまない	㊻ユーモアがある

れないでしょう。「センスがある」を選ばなかったからといって、「センスがない」と評価していることにはならないのよ。だから、あまり気にしないことね。

　それよりも興味深いのは、E君の「開放の窓」に番号が集中していること。これは、心理学用語では「自己開示」と呼んでいるんだけど、E君はお姉さんに対して、とてもうまく「自己開示」ができている証拠なのよ。

　もしE君のことをよく知らない相手や、よく理解できていない人だったら、当然○の数も減るし、本人の認識とズレが生じるから、「秘密の窓」や「未知の窓」に番号が集中することになるでしょう?

文学部A　自分のことをよく知っている相手を選ばなければ、「ジョハリの窓」は、うまく成立しないわけですね。

心理カウンセラー　そうね。家族や恋人や親友のように、自分のことをよく理解している五人くらいに評価してもらうと、自分が他者からどのように評価されているかだけではなくて、自分が周囲にどこまで「自己開示」できているかも確認できるはずよ。

敬語

医学部E　僕らの自己分析ツールへのアドバイス、ありがとうございました。これらのツールが、心理学的にどんな意味を持つのかにまで踏み込んで解説してくださって、感謝しています。

文学部A　もし就職セミナーの二回目に行っても、こんなに専門的なアドバイスはもらえなかったと思います。

心理カウンセラー　この自己分析ツールは、自己発見のためにとても効果的な方法を集めてあるわね。

　就職活動が本格的に始まると忙しくなるでしょうから、時間のある三年生の前期の間に、五種類全部を完成させておくといいわね。

法学部B　ということは、この自己分析ツールをプレゼントしてくれた就職アドバイザーさんにも感謝しておくべきかな……。

理学部D　心理カウンセラーさんのお話はわかりやすいので、「自分とは何か」について、他にも知っておくべきことをアドバイスしていただけませんか？

心理カウンセラー　そうね。「自分とは何か」という問いは、心理学では「自己概念」と呼ばれる分野で研究されているんだけど、その基礎的な部分を簡単に紹介しましょう。

私たちは毎日、自己主張して生きているのが普通でしょう。「私は、こうしたい」とか「私は、これを食べたい」、「私は、これが好きだ」とか「私は、これは嫌いだ」など。

このように「私は」を主語にして自己主張する自分のことを「主体としての自己」と呼ぶんだけど、それに対して、「他己分析」にあるように、他者から見るようにして向き合う自分のことを「客体としての自己」と呼んでいる。

医学部E　自分を客観視するということですね？

心理カウンセラー　そうそう。あなたたちの五種類の「自己分析ツール」も、自分を分析の対象とする点で、「客体としての自己」を見出すための手段だということになるわね。だから、実は他者の手を借りなくても、自分で疑似的な「他己分析」をすることもできるのよ。

私がカウンセリングで使っている方法は、まず過去一か月間を振り返って、最も多くコミュニケーションをとった三人を思い浮かべてもらう。たとえば、それが母親・恋人・親友だったとしましょう。次に、その人物になりきったつもりで、その人物から見た自分の長所と短所を評価して紙に書き出す。

　こうして「母親から見た自分」・「恋人から見た自分」・「親友から見た自分」の評価を表にして見比べてみると、自分の思いもしなかった側面に気付くことができるはずよ。

理学部D　その方法だったら、人に頼まなくていいから、楽かも……。

経済学部C　でも、自分で他者になりきったつもりでも、自分に都合よく評価してしまうかもしれないでしょう。

　やはり、実際に他者に「他己分析」してもらう方が、確実ではないですか？

心理カウンセラー　カウンセリングの立場から言うとね、自己開示が得意な人と苦手な人がいて、たとえば「ジョハリの窓」のように他者による評価を巻き込む方法には、デメリットもあるのよ。

法学部B　結果を見て、落ち込むとか……。

心理カウンセラー　そうそう。他者から評価される分析方法では、自分では思いもしない評価が下されることもあるし、自分の期待どおりではない可能性が十分あることを覚悟したうえで、トライしてみてね。

　ところで、ちょっと思い浮かべてほしいんだけど、あなたたちは、親の前にいる自分、友達の前にいる自分、先生の前にいる自分、バイト先にいる自分が同じだと思う？　それとも違うかしら？

文学部A　それは、かなり違うと思います。先生やバイト先の店長のような社会人に対するのと、家族や友達に対するのでは、言葉使いからして違っていますし……。

心理カウンセラー　以前、「日本語が難しすぎて、人間関係がうまくいかない」と相談に来た留学生がいるんだけど、本当に日本語は難しいわね。

たとえば、「自分」のことは、英語ならいつでも「I」でいいのに、日本語だと、男性は自分のことを友達の前では「俺」、バイト先では「僕」、改まった場面では「私」みたいに使い分けるでしょう？

法学部B　もっとありますよ。「自分」という人もいるし、「こちら」とか「こちとら」でも通じる。

手紙やメールを書くときは「当方」や「小生」、仕事によっては「小職」や「本官」、へりくだれば「手前」もある。

文学部A　『吾輩は猫である』の「吾輩」もあるし、歴史的には「我」とか「余」、「拙者」に「わらわ」、「わちき」も「麿」もあるわね。

法学部Ｂ　ちょっと特別な人しか使えないけど「朕」、老人なら「わし」、方言が入ってもよければ「ウチ」とか「わだす」、「おら」に「あっし」でも通じる。

医学部Ｅ　この「Ｉ」の表現に応じて、「ＹＯＵ」の表現も変化するね。

「お前、君、あなた、自分、そちら、てめえ、貴殿、貴職、貴官、貴君、汝、貴公、お主、そち、その方、おのれ、そちら様、あんた、貴様、お宅、われ」など、「ＹＯＵ」も同じように数えきれないわけだから、たしかに日本語というのは、すごく複雑だね。

理学部Ｄ　「自分」が「Ｉ」にも「ＹＯＵ」にも入っているのは、おもしろいね。関西だと、イントネーションだけで「自分」が自分のことだったり、相手を意味したりと変わる。

心理カウンセラー　「Ｉ」と「ＹＯＵ」のような基本的な代名詞でさえ、こんなに種類が多いのに、「敬語」になると動詞も変化するでしょう。相談に来た留学生は、状況に応じた使い分けができなくて、人間関係に支障をきたしてしまったのよ。

たとえば、英語なら「ＧＯ」の一言で済む動詞が、相手に敬意を示す「尊敬語」では「いらっしゃる」、自分がへりくだる「謙譲語」では「伺う」、丁重に表現する「丁重語」では「参る」のように、その場の状況によって変化させなければならない。

医学部Ｅ　たしかに、海外から来た留学生は、日本語の「敬語」に苦しめられるだろうね。

「お金」とか「御注文」のように、物品や物事に「お」や「御」を付ける「美化語」もあるし、状況に応じて「です、ます、いたします、申し上げます」を段階的に付けるような「丁寧語」もあるし……。

心理カウンセラー　あなたたちも、会社を訪問する際には、「会社に行きます」ではなくて「御社に伺います」と言わなければならないでしょう。

そのうえ「御社」は口語表現だから、手紙やメールで書く際には「貴社」を使わなければならない。このように「口語」と「文語」で使い分ける敬語も理解しておく必要があるのよ。

面接で笑われた学生の話だけど、つい丁寧になりすぎて「社長様」とか「部長様」と役職に「様」を付けたり、「御担当者様の高橋様」のように二重敬語にしてしまうミスにも注意してね。

よくある間違いだけど、「どちらに致しますか」は、どこが変なのか、わかるかしら?

文学部A　「致す」は「する」の謙譲語ですから、相手に対して発言するのは適切ではありません。「する」の尊敬語の「なさる」を使って、「どちらになさいますか」と言うべきだと思います。

心理カウンセラー　よくわかったわね、そのとおりよ。

経済学部Ｃ　そうだったの！

これまで私、ずっとバイトで「コーヒーと紅茶、どちらに致しますか」と言い続けてきたのに……。

心理カウンセラー　今日から「どちらになさいますか」と言うように気をつければいいのよ。誰でも間違えることはあるんだから、気付いた時点で改善すれば大丈夫……。

ここに文化庁の「間違えやすい敬語一覧」があるから、参考にしてみてね。[17]

経済学部Ｃ　面接で「敬語」を使えないと、やはり大きな減点になるんでしょうか？

心理カウンセラー　それは、企業が求めている人材にもよるでしょう。とくにＣＡはもちろん、百貨店の販売や旅行社の営業のように直接顧客とコミュニケーションをとるサービス職種を志望する場合は、面接の時点で正確な敬語を話せる方が、大きなプラスになるわね。

ただし、実際にはそのような職場では、入社後の研修で、しっかりと顧客とのコミュニケーション方法を教えてくれるから、面接時点で「教えがいのある人間」あるいは「鍛えがいのある人間」だと判断してもらえたら、それほど心配する必要もないと思うわ。

【正解・解説】

敬語を次の５種類に分けて解説します。

1．尊敬語「いらっしゃる・おっしゃる」型
2．謙譲語Ⅰ「伺う・申し上げる」型
3．謙譲語Ⅱ（丁重語）「参る・申す」型
4．丁寧語「です・ます」型
5．美化語「お酒・お料理」

解答１．（イ）適切ではない
「御利用される」は、「御利用する（謙譲語Ⅰ・御～する）」＋「れる（尊敬語）」と考えられるため、適切な組合せの形とは言えません。適切な形は、尊敬語だけを用いた「利用される・御利用になる」などです。

解答２．（イ）適切ではない
「いただく」は、「もらう」の謙譲語Ⅰの形で、応募者の行為である「もらう」を謙譲語Ⅰにすることは、募集している側を立てることになり、適切ではありません。「お受け取りください」などが適切です。

解答３．（ア）これ、やってよ。
依頼という行為は相手に負担を掛けることになるので、相手に配慮した前置き（「すみませんが」等）や婉曲的な表現（「お願いできますか」等）が必要です。依頼することが当然のように聞こえるアは不適切です。

解答４．（ア）私のお考えを発表します。
「私のお考え」は「考え」の向かう先がなく尊敬語で、「私」を立てることになり、適切ではありません。「お料理」は美化語、「御説明」は「説明」という行為の向かう先（説明される人）を立てる謙譲語Ⅰで、適切です。

解答５．（イ）適切ではない
「伺う」は、「尋ねる」の謙譲語Ⅰの形で、お客さんの行為である「尋ねる」を謙譲語Ⅰにすることは適切ではありません。適切な形は、「お尋ねください（尊敬語）」です。

解答６．（ウ）御乗車することはできません。
ウの「御乗車する」は謙譲語Ⅰの形（御～する）のため、適当ではありません。ア・イは「乗車する」という行為をする乗客を立てる尊敬語（御乗車、御乗車になる）を使っているため、適当です。

解答７．（イ）お読みになりやすい
「読みやすい」という「読む（動詞）」＋「やすい（形容詞）」の形を取るものを尊敬語にするには、動詞部分を「お～になる」とすればいいので、「お読みになりやすい」となります。

解答８．（ア）明日、小学校のときの担任の田中先生のところに伺います。
「田中先生」は、「訪問する」という行為の向かう先（訪問される相手）に当たるので、向かう先を立てる謙譲語Ⅰ「伺う」を使っているものが適切です。「参る」は謙譲語Ⅱで、聞き手の加藤先生に対する丁重な言い方です。

解答９．（ア）適切である
部員に「言っておく」「伝えておく」ということを、謙譲語Ⅱ（丁重語）の「申す」を使って表現したもので、「顧問の先生」に対して改まって述べた言い方ですから、適切です。

解答１０．（ウ）来週、部長の金子は海外に参ります。
上司である「金子部長」に対して尊敬語を使いたいところですが、「取引先の社員」の前では、「金子部長」は自分側の存在、つまり「ウチ」となりますから、「ウチ」を立てているアは適切でありません。イは「伺う」先の「海外」を立てることになるので適切でありません。ウは聞き手である「取引先の社員」に対して丁重に言っている形なので適切です。

間違えやすい敬語［抜粋］

文化庁

１．「先生もこの店をよく御利用されるんですか」という言い方は適切でしょうか？
（ア）適切である
（イ）適切ではない

２．プレゼント企画の広告に、「豪華賞品をいただいてください」と書いてあった。この言い方は適切でしょうか？
（ア）適切である
（イ）適切ではない

３．図書委員会の仕事で、同級生の委員に文書の作成を頼みたい。適切でない言い方はどれでしょうか？
（ア）これ、やってよ。
（イ）これ、お願いしてもいい？
（ウ）悪いけど、これ、お願いします。

４．次のような言い方を耳にするけれど、適切でない言い方はどれでしょうか？
（ア）私のお考えを発表します。
（イ）私はお料理が得意です。
（ウ）私が御説明をしたいと思います。

５．「担当者に伺ってください」と受付の人がお客さんに言うのは適切でしょうか？
（ア）適切である
（イ）適切ではない

６．駅のアナウンスで耳にする「御乗車できません」という言い方を適切な言い方に直してみたけれど、適切でないものが混ざってしまった。適切でないのはどれでしょうか？
（ア）御乗車はできません。
（イ）御乗車になれません。
（ウ）御乗車することはできません。

７．「読みやすい」の尊敬語の形はどうなるのでしょうか？
（ア）お読みやすい
（イ）お読みになりやすい
（ウ）尊敬語にできない

８．中学校の担任の加藤先生に向かって、小学校の担任の田中先生の家を訪ねることを話すときに、田中先生を十分に高める気持ちを表せるのはどの言い方でしょうか？
（ア）明日、小学校のときの担任の田中先生のところに伺います。
（イ）明日、小学校のときの担任の田中先生のところに参ります。
（ウ）明日、小学校のときの担任の田中先生のところにいらっしゃいます。

９．顧問の先生から、テニス部の部長である私が、部員に新入生勧誘をもっと積極的に行うよう指示しておくように言われた。「はい、そのように申し伝えておきます」と返事をしたが、適切でしょうか？
（ア）適切である
（イ）適切でない

１０．取引先の社員から、来週、自分の上司である金子部長と打合せをしたいと予定を尋ねられたときの回答として適切な言い方はどれでしょうか？
（ア）来週、部長の金子は海外にいらっしゃいます。
（イ）来週、部長の金子は海外に伺います。
（ウ）来週、部長の金子は海外に参ります。

経済学部C　英語みたいに、日本語にも「敬語」なんてなければいいのに……。

心理カウンセラー　その気持ちもわかるんだけど、「敬語」が発達しているアジア圏では、それを使えるかどうかで「教養」が判断されてしまうから、やはり社会人になったら、必要不可欠だと認識しておく方がいいわよ。

　仮に、学生が教授に「敬語」で何かを質問しているとしましょう。その学生が教授に敬意を表していることは当然わかることだけど、それと同時に、自分は相手に物事を尋ねる立場にあること、礼儀正しいこと、正確な敬語を使うだけの教養を備えていることを、周囲の人々に対しても示すことになるでしょう。

　英語でも、アジア圏の言語ほど大きく変化はしないけれど、何かを人に依頼するときには、状況に応じて「will you, would you, could you」と助動詞が変化するし、さらに「please」を付けたり、相手が断りやすいように婉曲表現を用いたりする。これができるかどうかで、「教養」が判断されてしまうのよ。

法学部B　僕は、韓国に行ったことがあるんですが、初対面の人に会うと、「どこから来たか」「日本」「年は幾つか」と、会話が始まってすぐに年齢を聞かれるんですよ。

経済学部C　それはプライバシーじゃない？

法学部B　僕も最初はそう思ったんだけど、何度か繰り返しているうちに、彼らは最初に双方の「年齢」を確認して、どの「敬語」を使うのか判断していることがわかったんだ。韓国語の敬語は、日本語以上に厳しいと言われているからね。

経済学部C　なるほど、そういうことなの……。

心理カウンセラー　文化圏によって、率直に話すことが相手に対する「敬意」を示すことがあるし、逆に、遠回しに話すことこそが「礼儀」の場合もある。

特定の文化圏で生まれ育った人は、幼児期から何度も似た体験を繰り返すうちに、その文化圏で適切なコミュニケーション方法を身に付けていく。各文化圏において「円滑な人間関係を維持するための言語戦略」のことを「ポライトネス」と呼ぶんだけど、これが大事なのよ。

医学部E　英語の「politeness」だったら「礼儀」と訳されますが、それとは違うんですか？

心理カウンセラー　私たちが専門用語で「ポライトネス」と言っているのは、規則的に定められている「マナー (manner)」のようなニュアンスだけではなくて、その文化圏で「円滑な人間関係を維持する」だけのコミュニケーションを取ることができる、そのような「言語戦略」を用いる能力がある、ということを指しているのよ。

一般に「コミュニケーション能力」は、一九八〇年にオンタリオ大学の言語学者マイケル・カナルとメリル・スウェインが定義した四つの要因で定義されている。その四つの要因とは、[18]①「文法能力 (Grammatical competence)」、②「社会言語能力 (Sociolinguistic competence)」、③「談話能力 (Discourse competence)」、④「方略能力 (Strategic competence)」。

これを日本語に当てはめると、どうなるかしら?

文学部A　「文法能力」は、文法規則に沿って日本語を正しく組み立て、理解することのできる能力のことですね。

心理カウンセラー　それに加えて、語彙や文型の知識、発音と聞き取りの運用能力も含めて、いわゆる文法的に正確な日本語を読み書き、聞き話すことができるということ。

文学部A　「社会言語能力」は、さきほど説明してくださったように、日本文化に適した日本語使用ができるということですか?

心理カウンセラー　そうそう。相手との社会的関係や会話の文脈に即して、適切に言語を運用する能力のこと。「敬語」も含めて、いつ誰に対して、どのような言葉使いをするのが適切か、逆に、どのような表現がタブーなのかを理解していることも必要になるわね。

文学部A　「談話能力」というのは、日本語で「談話」ができるということですか？

心理カウンセラー　ここでいう「談話」は、いわゆる「世間話」のことなんだけど、これが簡単そうで難しいのよ。

どんな話題を、どのように話し始めて、いつ話し終えるかを理解し、相手と適切な距離を取りながら、話の流れを止めずに日本語で会話を続けられるということ。

医学部E　人工知能を研究している教授から、ロボットに「談話」させるのが非常に難しいという話を聞いたことがあります。

人間同士の談話というのは、何となく話しているようで、ある種のまとまりが生じて、「談話」をスムーズに終えた後には、双方が一種爽快な達成感を抱きますよね。その感覚が、ロボットには、わからないからでしょうね。

心理カウンセラー　さらに難しいのが「方略能力」。これは、「談話」がうまくいかないときに、どこに問題があるのかを認識し、別の表現に言い換えたり、場合によってはジェスチャーを用いたりすること。
　相手の言うことが理解できない場合は、相手が言語化していない部分を推測し、必要に応じて言葉を補ったり、うまく双方のコミュニケーションを修復したりするような能力も含まれる。
医学部E　そこまでできたら、流暢な司会者みたいじゃないですか？
心理カウンセラー　あはは、まあそういうことね。

教養と非言語コミュニケーション

法学部B　就職セミナーでは、企業が最も就活生に求めているのが「コミュニケーション能力」だと聞いてきたんですが、やはり僕らも日本語を勉強し直す方がよいのかな？
心理カウンセラー　さきほども言ったけど、少なくとも「敬語」については再確認しておく方がいいでしょう。礼儀正しい日本語で会話できるだけで、面接やグループ・ディスカッションでの印象は大幅にアップするからね。
　それと同時に、「コミュニケーション能力」の根本にあるのは、日本語の言語的な運用能力だけではなくて、日本語による思考や文化に対する「教養」なのよ。その「教養」が身に付いたときに初めて、その人には日本語の「ポライトネス」があるといえるわけ。

経済学部C　その「教養」は、どうすれば身に付くんでしょうか？

心理カウンセラー　私が、相談に来た留学生に勧めたのは、日本語の新書をたくさん読むこと。最近の大学では、学問の専門化と細分化が進んで、いわゆる一般教養科目の比重が減ってきているでしょう？

　幅広い分野の「教養」を身に付けるためには、幅広い分野の本を読むことが大事なのよ。新書だったら、ページ数も値段も手頃でしょう。

　その留学生も、いろいろな分野の新書を読んでいくうちに、日本語のニュアンスと同時に多面的な「教養」が深まって、心理面にも改善が見られたのよ。

医学部E　心理カウンセラーからご覧になって、僕らが読むべき新書のリストのようなものは、ありますか？

心理カウンセラー　それはね、自分が興味を持って、読みたいと思った本を読むのが一番。どんな分野でもいいから、自分が読みたい本を探してみてご覧なさい。

　書店や図書館の新書コーナーでタイトルを眺めて探してもいいし、書評から選んでもいいのよ。たとえば、ネットの「本がすき。」というデータベースに、「〈デマに流されないために〉哲学者が選ぶ「思考力を鍛える」新書！」という連載があるから、それを参考にするのもいいかも……。[19]

法学部B　今、ネットで検索したら、ありました。

〈現代の高度情報化社会においては、あらゆる情報がネットやメディアに氾濫し、多くの個人が「情報に流されて自己を見失う」危機に直面している。デマやフェイクニュースに惑わされずに本質を見極めるためには、どうすればよいのか。そこで「自分で考える」ために大いに役立つのが、多彩な分野の専門家がコンパクトに仕上げた「新書」である。本連載では、哲学者・高橋昌一郎が、「思考力を鍛える」新書を選び抜いて紹介し解説する〉という連載ですね。

　この連載は、「だまされないようにしよう」・「論理的に考えよう」・「科学的に考えよう」・「多彩な人々に触れよう」・「視界を広げよう」という五つのテーマで各一〇冊ずつ紹介しているから、ここに推薦されている新書を読むだけでも五〇冊になるね。

経済学部C　おもしろそうな新書が紹介されているわね。読んでみよう！

心理カウンセラー　それから、「教養」と同じように、無意識に表れてしまうのが、言語以外の「非言語コミュニケーション」なのよ。

「目は口ほどにものを言う」というでしょう。顔の表情や視線、身振り手振り、姿勢や座り方、距離の取り方など、人間は言葉以外の手段でもコミュニケーションを取っている。

法学部Ｂ　ネットで「非言語コミュニケーション」を検索したら、すごい題名の本が出てきたよ。『人は見た目が９割』とか『結局、人は顔がすべて』とか、なんかひどい題名だな。[20]

心理カウンセラー　外見の身体的魅力が人間関係に好影響をもたらすことは、数多くの心理実験でも実証されていることだから、「見た目が影響を与える」ことは事実。

　でもよく「見かけ倒し」というでしょう。時間が経過するにつれて表れてくる内面がダメだったらアウトなんだから、「見た目が９割」が通用するのは、五分の面接で終わるといわれている「夜のお仕事」くらいじゃないかしら。

　就職活動の面接官は、あなたたちの内面を見極めようとして何度も時間をかけて面接するんだから、私は「結局、人は教養がすべて」と言いたいわね。

文学部Ａ　就活の面接では、身だしなみが大事なのはわかっているんですが、他にも注意することはあるでしょうか？

心理カウンセラー　基本的に注意するといいのは、動かないことね。以前、面接がうまくいかない学生の相談を受けたことがあるんだけど、彼は緊張を抑えようとすると、無意識的に身体を揺すったり、意味なく手や指を動かしたりしてしまう。背筋をしっかり伸ばして、手や足を動かさないようにして、落ち着いて話す習慣をつけたら、立派に内定をもらえたわ。

それから、面接官の眼をしっかり見て話すこと。「アイコンタクト実験」というのがあってね。アイコンタクトを一五パーセントに絞った映像と八〇パーセントに増やした映像を被験者に見せて評価させたところ、一五パーセントでは「冷たい、悲観的、弁解的、無関心、従順」、八〇パーセントでは「自信、親近感、自然、誠実、円熟」という印象を与えることがわかったのよ。

医学部E　それは、おもしろい。「目は心の鏡」ですね！

文学部A　逆に、もし「従順」に見せたければ、アイコンタクトを少し減らす方がよいわけですね。

心理カウンセラー　ただ、この実験はアメリカで行われたものなんだけど、アイコンタクトをたくさんとって、大げさな身振り手真似で話すことが好まれる文化圏と、そうではない文化圏があるでしょう。だから、この結果もそのまま日本で使えるとは限らない面もあるの。

それに、非言語コミュニケーションが与える影響には、相手によって個人差が大きいことがわかっている。だから、一般論として言えることは、落ち着きなく動いたり、アイコンタクトが少なすぎたら悪い印象を与える可能性が高いということくらいしかないのよ。
医学部E　こちらからも面接官を観察して、どういうコミュニケーションを取ればいいのか判断すればいいんだよ。
経済学部C　そんな余裕があればいいんだけどね。

相互独立的自己観と相互協調的自己観

文学部A　さきほどの心理カウンセラーさんの質問で気付いたんですが、私は、親の前にいる自分、友達の前にいる自分、先生の前にいる自分、バイト先にいる自分が違う。
　言葉遣いだけではなくて、それぞれ違う自分を使い分けているとすると、いったい本当の自分とは何なのか、わからなくなってきました。
経済学部C　A子は、相手によって自分が変わるの？　私は、あまり変化ないんだけど……。
文学部A　C子から見た私って、どんな人？
経済学部C　A子は、すごくマジメで、頭がよくて、しっかりしていて、頼りがいがあって、誠実な人でしょう。
文学部A　それがね、両親から見た私は、人見知りの心配性で、がんばり屋だけど、すぐにクヨクヨする弱虫で、理屈ばかり言う頑固者で、それなのに甘えっ子なのよ。まるで、別人じゃない？

経済学部C　赤ちゃんのときから育ててくれたご両親の前では、自分の「素」を出しているんじゃない？

文学部A　そうすると、両親の前の「私」が本物で、C子の前にいる「私」は、別人を演じているということ？

経済学部C　それは、どうかな……。どちらが本物というよりも、どちらもA子の一面なんじゃない？

心理カウンセラー　カール・ユングという有名な精神分析医がいてね。彼は、「社会的な役割や立場などのために人前で演出している自分の姿」のことを「ペルソナ」と名付けている。人が社会で生きていくために、いろいろな「ペルソナ」を持っていることは、ごくノーマルな状態なのよ。

　ただし、あまりにも特定の「ペルソナ」と一体化してしまうと、本来の自分を見失うことになるから注意しなければならないと、ユングは警告しているけどね。

経済学部C　それは、どういうことですか？

心理カウンセラー　たとえば、学校で生徒に厳格な教師がいるとして、家庭でも同じ教師を演じ続けたら、家族は大迷惑でしょう？

経済学部Ｃ　あははは、たしかに。

文学部Ａ　いつでも教師を演じているなんて、本人も辛いのではないでしょうか？

心理カウンセラー　そうそう。その意味で、Ａ子さんが多種類の「ペルソナ」を持っているのは、むしろ健全な状態だともいえるのよ。

　それと同時に、「自己概念」には「文化性」が強く関係していることがわかっていてね。ミシガン大学の文化心理学者北山忍とヘイゼル・マーカスが一九九一年に発表した有名な論文があるんだけど、彼らは、日本やアジア圏で顕著な自己観を「相互協調的自己観」と定義した[21]。

　この文化圏では、「自己」は、他者や周囲の環境と結びついた「関係重視の実体」として捉えられる。したがって、人間関係や社会関係の中で意味付けられる自分の特性が「自己」の中心に位置することになるのよ。

　それに対して、欧米文化圏で見られる自己観は、「相互独立的自己観」と定義されている。この文化圏では、「自己」は、他者や周囲の環境との「関係から独立した実体」として捉え

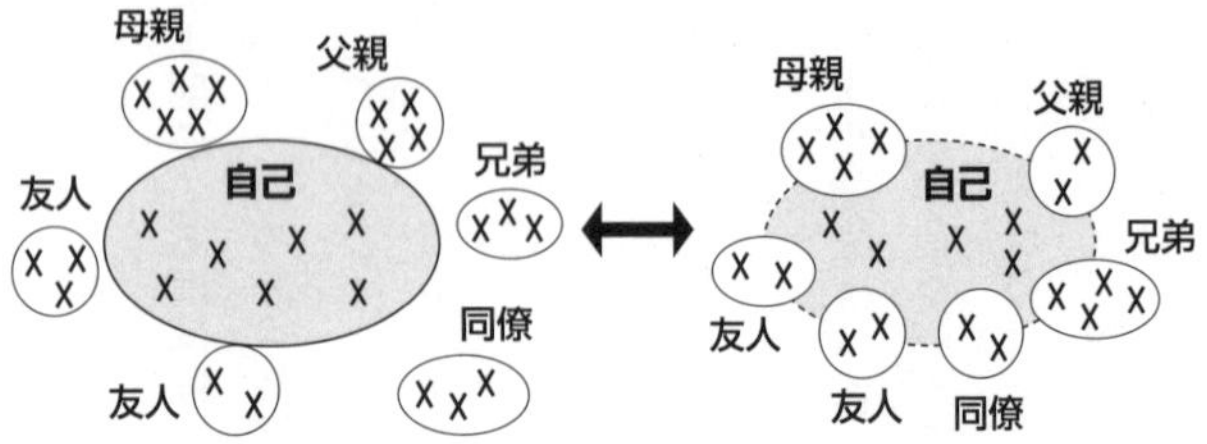

相互独立的自己観　　相互協調的自己観

られる。したがって、個人の才能や動機などの特性こそが「自己」そのものだということになる。

医学部E　つまり、アジア圏のような「集団主義」文化圏では、「自己」は集団の中で存在価値を持つから「相互協調的自己観」になるけれども、欧米文化圏のような「個人主義」文化圏では、「個人」が尊重されるから「相互独立的自己観」になるということですね。

心理カウンセラー　そうそう。ちょっとわかりにくいから、北山とマーカスの論文にある概念図を描いてみるわね。

文学部A　この図によれば、「相互独立的自己観」では「自己」は完全に他者から切り離されているのに、「相互協調的自己観」では「自己」が多くの他者と重なり合っていますね。この重なり合いの総計が、「自己」として認識されるということなのでしょうか？

心理カウンセラー　そういうことになるわね。欧米文化圏では、幼い頃から人と違う部分を「個性」として尊重して、人と違うからこそ「自分」だという意識を持つ。
　ところが、アジア文化圏では、どちらかというと人と違う部分を表に出さないようにして、他者と同調する過程の中で「自分」を意識しようとするわけ。

医学部E　欧米諸国の人たちがすごく積極的に自己アピールするのは、それによって「自分」の存在意義を確認するためなんだろうね。

法学部B　それに対して、日本では「出る杭は打たれる」から、皆「自分」の意見をハッキリと言わなくなる。周囲の「空気」を読みながらしか発言できないから、自信がなさそうに見えるのかもしれない。

心理カウンセラー　日米中三か国の高校生約三四〇〇名を対象にした調査によれば、「私は他人に劣らず価値のある人間だ」に肯定的に答えた高校生は、アメリカ八九％・中国九六％・日本三八％、「私は人並みの能力がある」は、アメリカ九一％・中国九四％・日本五八％、逆に「私にはあまり誇りに思えるようなことはない」は、アメリカ二四％・中国二三％・日本五三％だった。[22]

法学部B　日本の高校生は、本当に自信がないんだね。半数以上の高校生が「私にはあまり誇りに思えるようなことはない」と思っているなんて、嘆かわしい。

経済学部C　でも、逆に、九〇％以上が「他人に劣らず価値がある」とか「人並みの能力がある」というのは、多すぎでしょう？

アメリカと中国の高校生が「自信過剰」すぎるんじゃないかな。

心理カウンセラー　いいポイントに気付いたわね。

実は、この調査から、信州大学の社会心理学者菊池聡は、アメリカと中国の高校生に「自制や謙虚な姿勢が少ない」のに対して、日本の高校生は、むしろ自分の弱点を「肯定的」に受け入れて自己の向上を目指しているのではないか、と分析しているのよ。

医学部E　たしかにそうかもしれませんね。「自信過剰」すぎる「相互独立的自己観」の方だと、自己が社会から受け入れられないときに、ボキッと折れてしまうかもしれない。

心理カウンセラー　デューク大学の心理学者パトリシア・リンヴィルが提起した「自己複雑性モデル」によれば、「自己概念」が複雑な人の方が、否定的体験に対するダメージが少ないという利点があるのよ。

がんばっても思うような成果が出ない、誠意を尽くしてもわかってもらえない、いろいろな行動が裏目に出て失敗が連続するなど、人生には、想定外の否定的体験が起こりうる。その際、「相互独立的自己観」よりも「相互協調的自己観」の方が「感情的反応が軽減される」という研究結果が出ているの。

経済学部C　つまり、A子みたいに複雑な自己を持っている人の方が、打たれ強いということね。よかったじゃない！

理想自己・現実自己・義務自己

文学部A　私は、自己分析しているうちに人間の「パーソナリティ」に興味が出てきて、『スヌーピーたちの性格心理分析』という本を読んでみたんです。[23]

この本は、アメリカの精神科医エイブラハム・ツワルスキーが、チャールズ・シュルツの漫画『スヌーピー』のキャラクターから九種類のパーソナリティを分類している内容ですが、とてもおもしろかったです。

『スヌーピー』登場人物のパーソナリティ分類

1　何でも人のせいにする人［ペパーミント・パティ］

2　自分でないものになりたい人［スヌーピー］
3　思いこみが強い人［ウッドストック］
4　人をあやつる人、人にあやつられる人［ルーシーとライナス］
5　いつも自分に自信がない人［チャーリー・ブラウン］
6　自分中心でまわりが見えない人［シュローダー］
7　不機嫌で怒りっぽい人［ルーシー］
8　優等生すぎる人「マーシー」
9　どこかずれている人［ピッグ・ペンとスパイク］

心理カウンセラー　『スヌーピー』の漫画そのものは、私も好きよ。

ルーシーが、五セントで「精神分析」しているでしょう。彼女みたいに一刀両断でカウンセリングできて、人々の悩みを取り除いてあげられたら、どんなに楽しいだろうと思うけど。

文学部A　ルーシーの性格は、独断的で自己中心的で、とにかく意地悪な「人をあやつる人」に分類されています。漫画では、フットボールをホールドして、チャーリー・ブラウンが蹴ろうとする瞬間にボールを引っ込める意地悪の場面が何度も登場しますよね。

「精神分析」の場面では、チャーリー・ブラウンがルーシーに「今から僕が話すことを笑わないって約束してくれる?」と尋ねると、彼女は「絶対に笑わないわ」と約束します。そして彼が「夜中に目を覚ますと叫び声が聴こえてくる。『私たちは君が大好きだよ、チャーリー・ブラウン』ってね」と言うと、ルーシーが平気で約束を破って笑い転げるエピソードも代表的ですね。

経済学部Ｃ　私もその本読んだんだけど、ルーシーと対照的に、チャーリー・ブラウンは、何をやってもダメで、「いつも自分に自信がない人」に分類されているでしょう。

彼こそがスヌーピーの飼い主なのに、飼い犬からも名前を忘れられて「あの丸い頭の男の子」と呼ばれるし、大好きな「赤毛の女の子」にも振り向いてもらえないし、彼がピッチャーを務めている野球チームは負けてばかり……。

彼の理想は、周囲の皆から「君が大好きだよ」と言ってもらうことなんだけど、それは永遠に叶いそうにない。ちょっと可哀想になりますよね。

文学部Ａ　理想が叶わないと言えば、あの意地悪なルーシーが、大好きなシュローダーに振り向いてもらえない設定になっているのも、おもしろいですね。

シュローダーは、音楽のことで頭が一杯で、おもちゃのピアノでベートーベンを弾くことができる天才ピアニスト。何度話しかけても無視されるルーシーがヒステリーを起こして、おもちゃのピアノを踏みつけて壊したり、投げ捨てるような場面も出てきます。

心理カウンセラー　コロンビア大学の心理学者エドワード・ヒギンズは、一九八七年に発表した有名な論文で、「自己」を、今現在の「現実自己」、そうありたい自己としての「理想自己」、そうあらねばならない自己としての「義務自己」の三種類に分類したのよ。[24]

漫画では、この状況を極端なキャラクターの行動で描いているんだけど、人間も三つの自己の間で揺れ動いている存在だとみなすことができるわね。

法学部B　「理想・現実・義務」という分類はわかりやすいですね。その三つの「自己」が一致すれば、「自己実現」といえるわけだ。

心理カウンセラー　そのとおり。そう考えていいんだけど、ヒギンズが提唱した理論は「自己不一致理論（self-discrepancy theory）」と呼ばれているのよ。

自分自身がこうありたいと願う「理想自己」に「現実自己」が合致していればいいんだけど、それがうまくいかないと、人は「失望感」を抱く。また、最低限果たしていなければならない「義務自己」を「現実自己」がカバーできていなければ「罪悪感」を抱く。これらが「自己不一致」ね。

法学部B　なるほど、「失望感」と「罪悪感」は、そこから来るのか……。

心理カウンセラー　それに加えて、自分だけではなくて、第三者の両親や恋人、先生や友人から期待される「理想自己」や「義務自己」もあるでしょう。

第三者から期待される「理想自己」を果たせなければ「羞恥心」を抱くし、周囲の考える「義務自己」を果たせなければ「恐怖心」を抱く。これらは、第三者の認識があったうえでの「自己不一致」ということになる。

法学部B　たしかに、僕自身の抱いている「理想自己」と、親が勝手に期待している僕の「理想自己」は違いますからね。どうすればいいんでしょうか？

心理カウンセラー　ヒギンズによればね、「自己不一致」を回避し改善させるために必要なのは、「自己調整」……。

法学部B　なんだ、結局は、自分で調整するしかないわけですか。

心理カウンセラー　手品の種明かしと同じで、言われてみれば月並みな解答だと思われるかもしれないけど、ヒギンズの理論は、カウンセリングの現場では非常に効力を発揮するのよ。

カウンセリングに来るクライアントはね、とくに大きな失敗をしたわけでもないのに落ち込んでいるとか、毎日が楽しくないとか、なぜかイライラしていて、なぜ自分がそうなっているのか、わからないのが普通なのよ。

　その原因をヒギンズの「自己不一致理論」にしたがって探っていくうちに、本人が「義務自己」を満たせていないフラストレーションを抱えているとか、重要な第三者の求める「理想自己」が高すぎるために不適応が生じているなどの理由が見えてくる。

　つまり、ヒギンズの「自己不一致理論」は、「自己」の置かれた状況を整理するために便利なの。なぜクライアントが辛い思いをしているのか、その原因がわかれば、どのように「自己調整」すればいいのかを見出すこともできるでしょう。

医学部E　自分の精神状態が不安定になっているときには、「自己不一致」が生じている可能性があるわけですね。どんな場合でも、冷静な「自己調整」ができるようになりたいものです。

カウンセリングと類型論

文学部A　精神科医ツワルスキーは、アメリカでたくさん本を出版していて、驚きました。日本でも『スヌーピーたちのいい人間関係学』とか『23のマンガによる心理カウンセリング』のように、何冊も翻訳されていますね。

心理カウンセラー　漫画の『スヌーピー』は、深い人間観察に基づいた作品だと思うし、大人が十分楽しめる内容であることもたしかね。

ツワルスキーは、スヌーピー以外にも、いろいろな漫画を使って心理カウンセリングを行っていることで有名なんだけど、実は私は、彼の処方には賛成できないのよ。

経済学部C　漫画を使った心理カウンセリングって、おもしろそうですが、よくないんですか？

心理カウンセラー　ツワルスキーの心理カウンセリングの様子を学会発表で見たことがあるんだけど、プロジェクターでクライアントに四コマ漫画を見せながら、あなたが家族に対して取った行動はルーシーの行動と同じだとか、仕事上で弱気になるのはチャーリー・ブラウンの精神状態と類似しているなどとカウンセリングしているわけ。

経済学部C　わかりやすくて、よさそうですが？

心理カウンセラー　漫画がよくないというよりも、たった九種類の漫画のキャラクターにクライアントの行動を「類型化」してしまうことに問題があるのよ。

医学部E　たしかに、安易に「類型化」しすぎる可能性がありますね。[25]

心理カウンセラー　そもそも人間を何らかの「類型（type）」で分類する理論は、古代ギリシャ時代から提唱されてきた。紀元前四〇〇年頃、「医学の父」と呼ばれるヒポクラテスは、人間の体液を「血液・黄胆汁・黒胆汁・粘液」の四種類に分けて、このバランスが崩れると病気になると考えたのね。

紀元一〇〇年頃になると、ローマの医師ガレノスが、これらの体液の量によって、人間の気質に違いが出てくるという「四気質説」を唱えた。血液が多いと「明朗・社交的」、黄胆汁が多いと「強気・短気」、黒胆汁が多いと「憂鬱・不安」、粘液が多いと「冷静・勤勉」といった気質が生じるとみなした。

理学部D　古代ギリシャ時代からローマ時代にかけての頃は、世界は「空気・火・土・水」で構成されているという「四元素説」が受け入れられていましたね。

心理カウンセラー　その「四元素説」と「四気質説」を組み合わせて、「血液・黄胆汁・黒胆汁・粘液」が、それぞれ「空気・火・土・水」に対応すると説明されるようになった。「黄胆汁」が多い人は、「火」が燃え上がるように「強気・短気」だというようにね。

この種の「類型説」は、近現代になっても続々と登場した。一九二一年にドイツの精神科医エルンスト・クレッチマーは、著書『体格と性格』を発表し、人間の「体型」と「性格」に関連があると主張したよ。

彼は、精神病院の患者を診察しているうちに、痩せて「細長型」の人は「統合失調症」、太った「肥満型」は「躁鬱病」、がっしりした「筋肉型」には「てんかん」が多いことに気付いて、体型が人間の気質を決定すると信じるようになった。

理学部D　僕は、痩せている方に入るのかな？

経済学部C　D君は、B君よりは痩せているけど、細長型ではないでしょう？

法学部B　いやいや、僕の方がD君より体重は少ないはずだよ。でも、僕よりはD君の方が筋肉質だと思うけど……。

心理カウンセラー　あはは、そこがポイントなのよ！

そもそも人間の体型を「細長型・肥満型・筋肉型」のたった三種類に分けること自体、あまりにも大雑把で適当でしょう？

だからクレッチマーの類型説は、現代では学説として認められていないわけ。

理学部D　「血液型性格判断」も、たった四種類の「A型・B型・AB型・O型」の血液型で性格が決まると言っているわけだから、とてもサイエンスとはいえませんね。「O型タイプ」というだけで何千万人もいるわけだから、あまりにも杜撰《ずさん》なタイプ分けとしか言いようがない。

心理カウンセラー　さきほど話した精神分析医ユングは、人間を「外向型」と「内向型」の二種類に大別した。さらに彼は、物事を論理的に捉えて理屈で判断する「思考タイプ」、自分の好き嫌いや喜怒哀楽を重視する「感情タイプ」、物事を理屈抜きに捉える「感覚タイプ」、物事の本質を閃《ひらめ》きで捉える「直観タイプ」の四種類に分類した。[26]

　つまり、ユングは人間を二かける四の八種類に分類したんだけど、あなたたちは、自分をどのタイプと思うかしら？

文学部A　その分類だと、私は「内向型―感覚タイプ」のような気がします。でも「内向型―直観タイプ」かもしれません。

法学部B　僕は、「外向型―思考タイプ」かな。というか、それが僕の「理想自己」なんだよね。

経済学部C　私は、「内向型」でも「思考タイプ」でもないことは明らか。「外向型―感情タイプ」になるのかな。でも「外向型―感覚タイプ」の面もあるし、「外向型―直観タイプ」かもしれない。

理学部D　いやいや、とてもマトモな分類とは思えませんね。

　僕は「内向型―思考タイプ」に分類されるのかもしれないけど、「感情」や「感覚」がないわけではない。そもそも「直観」が何を意味するのかも明確に定義されていないし……。

医学部Ｅ　Ｄ君の言うとおりですよ。ユングは、かなり有名な精神分析学者だと教科書に登場しますが、こんな占いのようなタイプ分けを主張していたとは、驚きましたね。

心理カウンセラー　それに気付いてほしかったのよ！

　世の中には、「あなたは○○タイプ」と決めつける「類型論」が溢れているんだけど、これらはすべて極端な「ステレオタイプ」と思って間違いないわ。

経済学部Ｃ　「ステレオタイプ」って、どういうことですか？

心理カウンセラー　少数に当てはまる事例を、全体に当てはまるに違いないと信じ込んでしまうこと。私たちは「認知バイアス」と呼んでいるんだけど、ユングのような専門家たちでさえ、この種の「偏見」を抱いてしまうことも多いのよ。

理学部Ｄ　「アメリカ人は○○だ」とか、「中国人は○○だ」と決めつけるのがステレオタイプ。何億人もの人間のことを、たった一言で言い表せるわけがないじゃないか。この種のステレオタイプが嵩じて、ヘイトスピーチのようになってしまうこともあるから、僕らは注意しなければならないんだよ。

特性論とビッグ・ファイブ

心理カウンセラー　人間の性格を安易にタイプ分けする「類型論」を批判して、独自の「特性論（trait theory）」を提起したのが、「パーソナリティ心理学の父」と呼ばれるハーバード大学の心理学者ゴードン・オールポートだった。

　彼は、一九三六年、同僚の心理学者ヘンリー・オドバートと共に、『ウエブスター英語辞典』から人間の「特性」を表現する単語約一万八〇〇〇語を抽出した。さらに、それらを「性格」・「一時的な気分や状態」・「価値判断」・「身体的能力や特徴」を表す語の四種類に分類したところ、「性格」を表す単語だけで四五〇五語もあることがわかったのよ。

文学部A　そんなにたくさんあるんですか！

　でも裏を返せば、それだけ人々は文学作品などで性格描写を細やかに行ってきたということではないでしょうか。

心理カウンセラー　「優しい」という単語一つをとっても、「温かい・細やか・憐れみ深い・親切・思いやりがある・人懐っこい・親身・愛想がいい・穏和・柔軟・物静か・温和」などの同義語があるでしょう。

オールポート以降、さまざまな心理学者と言語学者によって、性格要因を表す言葉を探す「語彙研究」が盛んになった。一九四六年は、イリノイ大学の心理学者レイモンド・キャッテルが、オールポートとオドバートの「性格語彙」四五〇五語を分析して、三五の相反する用語対にまとめた。[27]

文学部A　「相反する用語対」とは?

心理カウンセラー　「明るい」と「暗い」、「支配的」と「服従的」、「情動性」と「安定性」のように、相反する性格傾向を示す用語のこと。

キャッテルは、実際に性格調査を実施しながら、三五の相反する用語対を分析して、最終的に一二個の「根源特性」と呼ばれる性格因子を導いた。その後、性格調査のコンピュータによる因子分析が可能になってから、性格研究は大幅に進展したのよ。

一九九〇年、オレゴン大学の心理学者ルイス・ゴールドバークが、それまで行われた語彙分析と性格検査結果を体系化して、人間の性格を最も効率よく表現するためには、「ビッグ・ファイブ」と呼ばれる五つの特性を用いればいいことを示した。[28]

医学部E　その五因子とは、どんなものですか?

心理カウンセラー　「神経症傾向（N：neuroticism)」・「外向性（E：extraversion)」・「開

放性（O：openness）」・「協調性（A：agreeableness）」・「誠実性（C：conscientiousness）」の五因子よ。

法学部B　その五つの性格特性があるかないかで性格を判断するんだったら、類型論と似たようなものではないですか？

心理カウンセラー　いえいえ、それは全然違うのよ。

人間の体型の表現に置き換えて考えてみましょう。「類型論」は、人を「細長型」と「肥満型」に分けるような大雑把な考え方だから、そのどちらにも当てはまらない人がたくさん出てくるでしょう。

ところが、「特性論」は、人の体型を「身長・バスト・ウエスト・ヒップ・股下長」の五つの因子に分類し、さらにそれらの測定値を表すという考え方なのよ。

経済学部C　たとえば、私の体型だったら「身長一六七センチ・バスト七五センチ・ウエスト五六センチ・ヒップ八八センチ・股下八三センチ」になりますが。

文学部A　C子って、そんなにスタイルいいの?!

経済学部C　あははは、冗談に決まっているでしょ。

今言ったのは、私の「理想自己」のモデル・サイズ。

NEO-PI-R の下位特性

神経症傾向の下位特性		
N1：不安	Anxiety	他人に気をつかう，悩みがち，緊張する
N2：敵意	Angry Hostility	怒りや攻撃のしやすさ
N3：抑うつ	Depression	罪の感情，悲しみ，絶望感，孤独感
N4：自意識	Self-Consciousness	周囲に人がいると居心地が悪い
N5：衝動性	Impulsiveness	欲求への切望や怒りをコントロールできないこと
N6：傷つきやすさ	Vulnerability	ストレスへの対応が下手
外向性の下位特性		
E1：暖かさ	Warmth	情愛深く，人懐っこい
E2：群居性	Gregariousness	人とのつきあいを好む傾向
E3：断行性	Assertiveness	支配性，社会的な優位性，リーダーシップ
E4：活動性	Activity	生活のテンポの速さ
E5：刺激希求性	Excitement-Seeking	ワクワクすること，刺激を求める
E6：よい感情	Positive Emotions	陽気，楽観的，満足している
開放性の下位特性		
O1：空想	Fantasy	生き生きとした想像力をもつ
O2：審美性	Aesthetics	芸術や美を愛する傾向
O3：感情	Feelings	深く広い範囲の感情を抱く
O4：行為	Activities	新しく，多様なものを求める
O5：アイデア	Ideas	哲学的な議論や頭を使うことを好む
O6：価値	Values	柔軟で固定化していない価値判断
調和性の下位特性		
A1：信頼	Trust	他の人は誠実で好意的だと感じる
A2：実直さ	Straightforwardness	ざっくばらんで人を騙さない
A3：利他性	Altruism	他者の利益に関心があり支援する
A4：応諾	Compliance	他者の意見に従い，他者を許す
A5：慎み深さ	Modesty	謙虚で自分を主張しない
A6：優しさ	Tender-Mindedness	他者への関心，共感する
誠実性の下位特性		
C1：コンピテンス	Competent	自分が有能で，うまく対処できると感じる
C2：秩序	Order	几帳面で整理整頓する，きれい好き
C3：良心性	Dutifulness	倫理観，道徳観を守る
C4：達成追求	Achievement Striving	向上心，努力，勤勉
C5：自己鍛錬	Self-Discipline	物事をやり遂げる意思の強さ
C6：慎重さ	Deliberation	用心深く，慎重

心理カウンセラー　実際に「ビッグ・ファイブ」を測定するために開発された「NEO‐PI‐R」という性格検査があるんだけど、このテストを受ければ、C子さんの「神経症傾向・外向性・開放性・協調性・誠実性」の実数値も、たとえば外向性九〇、開放性八五のようにハッキリ出てくるわけ[29]。

さらに「NEO‐PI‐R」には、五つの性格特性の下に「下位特性」が分類されていて、これらの個別値もわかるようになっているのよ。だから、一人一人の個人に特有の性格を示すことができると考えられている。

これが、現在、最も多くの心理学者に支持されているパーソナリティ理論だと思うわ。

医学部E　ちょっと疑問に思ったんですが、「ビッグ・ファイブ」理論が構築されたのは、英語圏ですよね。

もし性格特性が「語彙」の影響を受けるとすると、日本人の性格は日本語に依存することになります。とすると、アメリカで開発されたテストを翻訳して受けたとしても、僕らの性格は、うまく測れないのではないでしょうか？

心理カウンセラー　それは、すばらしい質問ね。

実は、二〇〇三年、富山大学の心理学者村上宣寛が、『広辞苑』から日本語の性格表現用

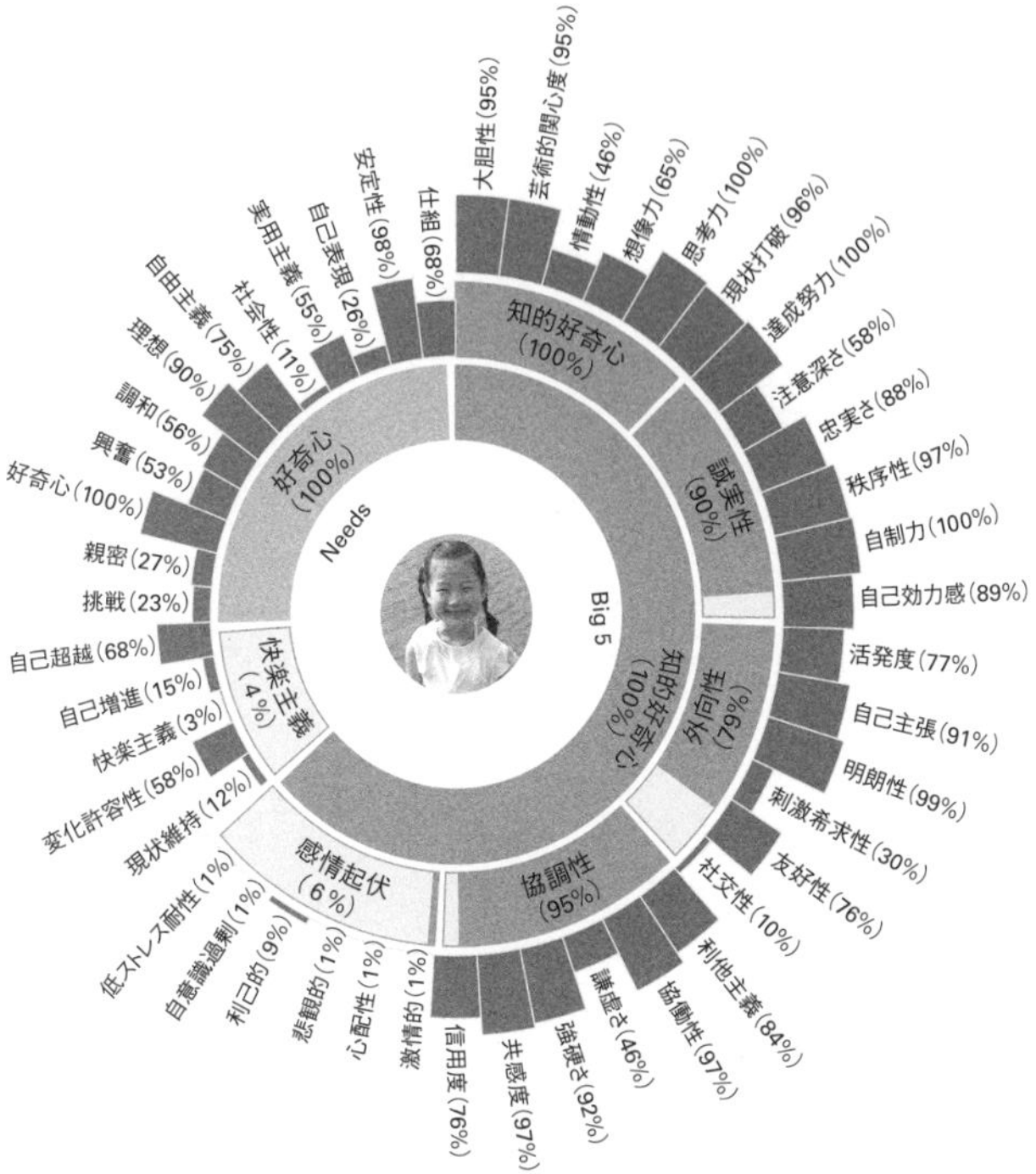

ワトソン・ダイヤグラム

語九三四語を抽出し、同義語・反意語を整理して五五四語を対象として、大学生三七〇人の自己評価を調査しているのよ。そこで、とくに特徴の大きい三一七語を選択して因子分析した結果、「ビッグ・ファイブ」と同じ五因子で性格特性が表れている。[30]

医学部E　つまり、ビッグ・ファイブ理論は、日本語圏でも有効だということですね。

心理カウンセラー　最近開

発されたＩＢＭ社の「Personality Insights」は、人間の書いた文章を解析して、ＡＩが性格特性を抽出するのよ[31]。

あなたたちも普段ＳＮＳに投稿している文章があるでしょう。最低一二〇〇単語以上のテキストがあれば、「ビッグ・ファイブ」に加えて「価値・ニーズ」の三次元で性格特性をアウトプットしてくれる。この結果を「ワトソン・ダイヤグラム」と呼ぶんだけど、無料だから、やってみてご覧なさい。

医学部Ｅ　これはおもしろそうだ。やってみます。

心理カウンセラー　あなたたちの今後の健闘を祈っているわ。もし困ったことがあったら、いつでも学生相談室にいらっしゃい。

それから、「自己」の探求といえば、何といっても哲学の分野でしょう。あなたたちも、哲学研究室を訪ねてみたらどうかしら？

一同　ありがとうございました。

第3章 人生哲学における自己分析

哲学研究室

文学部A　「自分とは何か」という質問があるんですが、よろしいでしょうか？
科学哲学者　ああ、ソクラテスね。勉強熱心なのはいいが、今週の授業で古代ギリシャ哲学に入ったばかりじゃないか！
　来週がヘラクレイトスとパルメニデスだから、ソクラテスについては再来週の授業で詳しく話すつもりだよ。質問があったら、その後に来なさい。
医学部E　授業の話ではなくて、僕らは「自己分析」に関する哲学的見解を教えていただきたいんです。
文学部A　私たち、就職活動を始めた三年生で、学生相談室の心理カウンセラーから先生のことを紹介されてきました。すごい哲学者だから、大学に在籍している間に、一度は訪ねてみなさいって言われて……。
科学哲学者　なんだ、君たちは「哲学概論」の受講生じゃないのか。
　それで、何を質問したいんだって？
経済学部C　「自分とは何か」です！

科学哲学者　「自分とは何か」？

　それは、自分で考えるしかないだろう。君の内面は、君しか知らないんだから、君が自分で考えなさい！

経済学部C　いえいえ、私は先生に「私とは何か」を聞いているんじゃなくて、「自分とは何か」について質問しているんですけど……。

科学哲学者　私に「自分とは何か」を聞いているのかね？

　とすると、私は「私とは何か」を君に答えるべきだということになるが？

経済学部C　違います！　私が聞いているのは、一般的に「自分とは何か」という質問に対して……。

科学哲学者　「一般的」に？　そもそも「自分とは何か」という問題を「一般的」に考えることができると思うかね？

文学部A　先生がおっしゃっているのは、「自分とは何か」という質問は個人のプライベートな領域に踏み込むので、「一般的」に考えることはできないということですか？

科学哲学者　できないと考えている哲学者もいるし、できると答える哲学者もいるだろう。いずれにしても、そもそも問題が成立するのかどうかから検討するのが哲学の基本だからね。

今の話から、私の友人の論理学者が作ったジョークを思い出したよ。これは「私しか存在しない」と主張する「唯我論者」の話だ[32]。

唯我論者

唯我論者が言った。「私しか存在しない。」

「そうだ。」と私は答えた。「私しか存在しない。」

「違う、違う！」と彼は言った。

「私は、私しか存在しない、と言っているんだ。」

「それは私が言っていることだよ。私しか存在しない。」

「違う、違う、違う！」と彼は興奮して叫んだ。「存在しているのは、君じゃなくて私だ！」

「そのとおり。」私は繰り返した。「存在しているのは、君じゃなくて私だ。完全に意見が合いますね！」

この時点で、彼は完全に混乱したようだ。

医学部E　あははは、おもしろいジョークですね！
でも、冗談ではなくて、僕は本当に「唯我論者」かもしれません。この世界を認識しているのは僕だから、もし僕が死んだら、世界も同時に消滅するという感覚が幼い頃からあるんですよ。

経済学部C　もしE君が死んだとしたら、私は悲しむだろうけど、その悲しんでいる私は、明らかに存在していると思いますけど？

医学部E　その君が死んでも、世界は普通に存在すると思う？

経済学部C　もちろん、存在するでしょう。毎日、世界中でたくさんの人々が亡くなっているけど、世界は普通に存在しているじゃない。
私が死んでも、この世界は存在して、他の人たちも普通に生きているに決まっているわ！

医学部E　そう「決まっている」と言い切れればいいんだけど……。
僕は、君みたいに自分を客観視できないのかもしれない。自分が死ぬのは、他人が死ぬのとは、根本的に次元の違う話だと思う。

科学哲学者　あははは、なかなかおもしろい哲学論争じゃないか！

理学部D　先生、僕は、就職活動のために「自己分析ツール」を使って、いろいろな自己分析をやってみたんですが、やればやるほど、「本当の自分」とは何かが見えなくなってきて、困っているんですよ。

科学哲学者　「本当の自分」？　そもそも君は、「本当の自分」が存在すると思うかね？

理学部D　うまく言えないんですが、僕は、何らかの「本当の自分」が存在すると思っています。ただ、それがハッキリ見えてこないので、進路を決められないんです。

科学哲学者　進路というのは？

理学部D　具体的に言うと、僕は太陽の黒点を研究していて、宇宙物理学専攻の大学院に進学したい気持ちがあります。ただ、その先、専門研究者になれるかどうかが不安です。仮に博士課程まで修了できたとしても、宇宙関係の研究機関や教育機関の就職先は、ものすごく狭い範囲に限られていますから。

　それで、学部の新卒採用で就職しておく方がいい気がして、就職セミナーに参加してみました。就職活動は、三年次の秋から四年次の春にかけてなので、仮にメーカーの研究職で内定を得たとして、四年次の夏から秋にかけて大学院入試を受ければ、時期的には両方を目指すことができます。

　しかし、就職活動に専念すると説明会や面接で大幅に時間を取られるので、授業や卒業研究が疎かになってしまいます。大学院入試では、学部の成績や卒業研究の成果も問われるし、専門学科試験の準備もしなければなりません。

下手をして就活と院試のどちらも中途半端になると、「二兎を追う者は一兎をも得ず」になる可能性もあります。それで、悩んでいるんです。

科学哲学者　つまり、君は「自分とは何か」という質問から出発して、「いかに生きるべきか」という疑問に至ったというわけだ。そういう人生の疑問にぶつかって考えているということ自体、実は、すばらしいことなんだよ！

結論から先に言うと、その問題に答えを出すことができるのは「自分」だけ。つまり、君がどの進路を選択するか、君自身が考え抜いて判断するしかない。

私にできることは、過去の哲学者の見解からヒントを出すことぐらいだが、聞いてみたいかね？

一同　よろしくお願いします。

ソクラテス

科学哲学者　古代ギリシャの首都アテナイに、紀元前四七〇年に生まれたソクラテスという男がいた。彼こそが、おそらく人類史上最初に、「自分とは何か」という問題について徹底的に考え抜いた人間といえるだろう。

彼は、陽気で、機知に富んで、聡明な人物だった。いつでも人をからかっているように見えて、強引で頑固な一面もあったがね。

君たちの親戚の中にも、そういう叔父さんが一人くらいいるだろう？

法学部B　「僕の叔父さん」といえば、「フーテンの寅さん」を思い出しますね。

経済学部C　「フーテンの寅さん」って、誰？

法学部B　知らないの？　日本映画の代表的登場人物。バナナの叩き売りのような「テキヤ商売」をしながら日本全国各地を旅して、行く先々で恋に堕ちるんだけど、必ずフラれる男のこと。[33]

科学哲学者　世の中には、いろいろな人間がいるものだが、ソクラテスが他の誰と比べても異質だったのは、質問することだった。

ソクラテスは、誰と会っても、常に質問した。政治家と会えば「国家とは何か」、法律家と会えば「正義とは何か」と尋ねる。当時のギリシャには「ソフィスト」と呼ばれる弁論術や教育学の専門教師がいたが、ソクラテスは彼らにも果敢に議論を挑んだ。

若者には「人生で何をするつもりか」と問いかけ、「饗宴」の席では「愛とは何か」を語り合う。人々は、ソクラテスと会話をしているうちに、いつの間にか「人生に意味はあるのか」とか「いかに生きるべきか」といった「人生哲学」にかかわる深い議論に引き込まれていることに気付く。

話題を変えようとしたり、冗談で話を逸らそうとしても、ソクラテスは相手を掴んで離さずに、さらに別の質問を投げかけてくる。

経済学部Ｃ　ちょっとシツコクないですか？

科学哲学者　シツコイよ。彼は、ものすごくシツコイ人間だった。

しかも彼は、そのことを自覚していた。ソクラテスは、自分のことを「アブ」と呼んでいたくらいだからね。

経済学部Ｃ　ブンブン飛び回る虫の「アブ」のこと？

科学哲学者　その「アブ」だ。彼は、ごく普通に生活している人間からすれば、実に腹立たしい厄介な昆虫のような存在だった。

しかし、知的好奇心旺盛な若者たちは、ソクラテスの議論を側で聞いているうちに、彼がすべての質問を彼自身にも厳しく問いかけ、他の誰よりも深く考え抜いていることに気付いた。
ソクラテスの「問答」は、相手をやり込めることではなく、純粋に議論によって「真実」に到達することが目的だった。それを知った若者たちは、ソクラテスを尊敬するようになり、やがて何人かは弟子になった。

プラトンの対話篇

医学部E　ソクラテスの「問答」は有名ですが、具体的にどのように対話をしていたんですか?

科学哲学者　ソクラテス自身は、何も書き残していないが、紀元前四二七年に生まれた彼の弟子プラトンが、数多くの「対話篇」を執筆している。他にも、弟子のクセノフォンや風刺詩人のアリストファネスが彼について書き残しているから、ソクラテスの「問答」がどのようなものだったかについては、かなり詳しくわかっている。[34]

たとえばプラトンの『ラケス』という作品を考えてみよう。[35]

ソクラテスが、当時のアテナイを代表する将軍だったラケスに「勇気とは何か」を尋ねる。ラケスは、「最前線で敵から逃げずに戦う軍人に勇気がある」ことから「勇気とは忍耐強さである」と主張する。

ソクラテスが「すべての忍耐強さ」が「勇気」に直結するのかと質問すると、ラケスは「思慮深い忍耐強さ」こそが「勇気」だと答える。しかし、利益を得るために、思慮深く忍耐強く投資する資産家に「勇気」があるとは言わないことを指摘されて、ラケスはその主張を撤回する。

次にソクラテスは、「有利な情勢で忍耐強く戦う者」と「不利な情勢で忍耐強く戦う者」を比較して、どちらに「勇気」があるかと問う。ラケスは後者の方に「勇気」があると答える。しかし、「不利な情勢」に陥った原因は「思慮深くない」判断にあったかもしれない。そこで「思慮深くない忍耐強さ」を「勇気」と呼ぶのも適切ではないことにラケスは同意する。

結果的に、「勇気」とは「思慮深い忍耐強さ」ではなく「思慮深くない忍耐強さ」でもなくなり、「勇気とは忍耐強さである」というラケスの最初の主張そのものが崩れてしまう。

実直な将軍ラケスは、「勇気のことは十分知っていたはずなのに、今ではわからなくなってしまった」と告白する。ソクラテスは「それでは、もっと考えてみようではないか」と励ます。

これがソクラテスの「問答」に見られる多くのパターンだ。

医学部Ｅ　あくまで理詰めで、具体的な反例を挙げながら追及するんですね。

相手の返答も先に読んで追い詰めているとしたら、まるで将棋を指しているような感覚なんだな……。

経済学部Ｃ　私は好きになれませんね。というか、近付きたくない人だわ。

科学哲学者　ソクラテスが得意にしていたのが、今話したような「論駁《ろんばく》法」と呼ばれる方法でね。

彼が「Ａとは何ですか」と問いかけると、相手は「ＡとはＢです」のように答えるのが普通だ。日常会話ならば誰もそれ以上は追及しないが、ソクラテスは「ＢとはＣですか」と問う。相手が同意すると「ＣとはＤですか」と問いかけ、相手が同意すると「ＤとはＥですか」と問う。相手が同意すると「しかし、ＥはＡと矛盾しているではないですか」と指摘する。

法学部Ｂ　そこで相手は、訳がわからなくなるわけですね。

科学哲学者　その「訳がわからない」議論が行き詰まった状態のことを古代ギリシャ語では「アポリア」と呼ぶんだが、ソクラテスは「問答」を繰り返しながら、相手を「アポリア」

に導くのが非常に得意だった。

法学部B　それまで自分が受け入れて、当然だと思っていた知識が打ち壊されるわけだから、嫌がる人もいたんじゃないかな。

科学哲学者　ソクラテスを忌み嫌った人間は、数多く存在した。ソクラテスが「若者を堕落させた」とか「神々を侮辱した」など、ほとんど捏造に近い罪状で訴えられたのも、彼を排斥したい人々がいたためだ。

当時のアテナイの裁判は民主制で、五〇〇人の市民裁判官が投票で判決をくだした。まず、ソクラテスが「有罪か無罪か」の投票では、二八〇対二二〇で有罪となった。三〇人が意見を変えれば無罪になる僅差だから、ソクラテスが「今後は言動に注意します」とでも反省しておけば、罰金刑で済んだはずだ。

ところが彼は、自分は完全に「善人」であり、もしアテナイから追放されても「問答」をやめる気はないという挑発的な「弁論」を行った。そのため、多くの市民裁判官の反感を買い、「死刑か否か」の投票では、三六〇対一四〇の大差で死刑判決がくだされてしまった。[36]

経済学部C　ちょっと、信じられない人……。

科学哲学者　プラトンの『メノン』という作品では、貴族の息子メノンが、ソクラテスの

「問答」で「頭も口もしびれて、何を答えたらよいのか、さっぱりわからない」状態にさせられる。[37]

それで彼が怒って、「あなたという人は、顔形からどこから見ても、海にいるシビレエイにそっくりだ」とソクラテスに言う場面が出てくる。

理学部D　「シビレエイ」だったら、水族館で見たことがあります。

普通のエイよりも泳ぐ速度はのろいのに、体内に発電器官があって、近付いてくる魚を電気ショックで麻痺させて、ゆっくり食べるんですよ。

経済学部C　ソクラテスの顔は、本当に「シビレエイ」に似ていたんですか？

科学哲学者　メノンは議論で感電させられたから、彼の顔形まで「シビレエイ」に見えたのかもしれないが、いくら何でもそれは言い過ぎだろう。

しかし、ソクラテスが「醜男」だったという記録は、多く残されている。彼は、ギョロ目で鼻が上を向いて鼻孔が広がり、頭髪は禿げ上がり、背が低くて、首は太く、丸々と太って、太鼓腹だったそうだ。

法学部B　ネットで検索したら、ルーブル美術館にソクラテスとプラトンの肖像がありますね。写真で比較すると、たしかにソクラテスは、頑固で面倒くさそうな顔……。プラトンの方が、圧倒的にハンサムに作られている。

汝自身を知れ

科学哲学者　現在のギリシャの首都アテネから一二〇キロほど西北に行くと、「デルフォイ」という都市国家の古代遺跡がある。世界遺産にもなっている美しい場所だから、君たちも機会があったら行ってみるといいだろう。

古代ギリシャ時代、デルフォイは「世界の中心」とみなされ、アポロンの神殿があった。ソクラテスは、その神殿の入り口に書かれていた「汝自身を知れ」という格言を人生の目的にして、日々「自分とは何か」を考えていた。

彼が、当時は最高の賢者とみなされていたソフィストや法律学者、あるいは世俗的な成功を収めた政治家や職人らと「問答」を繰り返してわかったことは、いかに人々が「本当に知っていること」が少ないかという驚愕の事実だった。

専門分野に関する知識についても、「いかに生きるべきか」という人生哲学の問題についても、彼らは、本当は何も知らないばかりか、それらについて深く考えようとさえしない。ただ、当時受け入れられていた知識や常識を並べて、知ったつもりになっているだけだった。

法学部B　要するに、賢者と呼ばれる人々が「知ったかぶり」ばかりだったということですね。

その話は、現代でも通用するんじゃないかな。SNSを見ても、わかったようなことを発言する知識人は多いけれども、僕のような学生から見てさえ、「本当」にわかっている人は非常に少ないと思う。テレビに登場するコメンテーターやお笑い芸人などを見ても、すごく薄っぺらで浅はかな人間が多いですね。

理学部D　専門分野だって「本当」にわかっていることは少ないよ。宇宙についてだって、これまで電波望遠鏡や人工衛星を使って膨大な研究がなされてきたにもかかわらず、人類が解明しているのは全体のたった五パーセント。残りの九五パーセントを占める「ダーク・マター」や「ダーク・エネルギー」については、いまだにまったく解明されていないからね。

しかも、自然科学の世界では、何か新たな発見があれば、同時に新たな謎が生じるケースばかりだから、人類の知的探求に終わりはない。だからこそ、研究がおもしろいんだけどね。

科学哲学者　君たちは、なかなかの見識を持っているじゃないか。大学三年生で、社会や学問についてそこまで見渡せているなら、立派なものだよ。

さて、ソクラテスを尊敬する弟子のカイレフォンが、デルフォイの神殿に「ソクラテスより賢い人間はいるか」という問いを立てた。神がかりになった巫女が告げたのは、なんと「ソクラテスより賢い人間はいない」という神託だった。

この神託を聞いたソクラテスは、大いに驚いた。彼は、自分が「賢い」などとは思っていなかったからこそ、懸命に「問答」を繰り返してきたわけだからね。しかし、「問答」の結果わかったのは、さきほども言ったように、最高の賢者と呼ばれる人々が、物事について「知っていると思っている」だけで、真に「知っている」人は一人もいないということだった。

そこでソクラテスは、少なくとも自分は自分が「無知」だと知っているからこそ、その点だけでは、わずかながらに自分の方がそれらの人々よりも賢いというお告げだろうと考えるようになった。これが「無知の知」ということだ。

文学部A　「無知の知」という言葉は知っていましたが、今の先生のお話を伺って、ようやく何を意味するのか納得できました。「私とは何か」という問いに対するソクラテスの答えが、「私は無知である」ということだったわけですね。

たしかにソクラテスが自分の「無知」を自覚したことは、謙虚な発見だと思います。でも、以前から不思議なことなんですが、それが「哲学の祖」と呼ばれるほど偉大な発見なのでしようか？

魂論

科学哲学者　いやいや、とんでもない。「無知の知」というのは、ソクラテスの思考の出発点にすぎない。

彼は、そこから「自分とは何か」という疑問を追求するために無数の「問答」を繰り返し、考えに考え抜いた結果、ついに「私とは魂である」という結論を導いた。この「魂論」こそが、良い意味でも悪い意味でも、彼が後世に与えた最も大きな影響だと私は考えている。

文学部A　「魂」というのは、「霊魂」の「魂」のことですか？

科学哲学者　古代ギリシャ語では「プシュケー」と呼んでいるが、日本語の感覚で一番近いのは「魂」という言葉だろう。ソクラテスによれば、この「魂」こそが「本当の私」だということになる。

この「魂」という概念自体は、遥か昔から存在していた。たとえば、ソクラテスから三〇〇〇年以上遡る紀元前三五世紀から、古代エジプト人は、人間の死後にも「霊魂」が存在すると信じていた。エジプト神話では、殺害された「豊穣の神」オシリスが蘇って「冥界の神」になる。だから古代エジプト人は、身体を保存しなければならないと考えて、死体を「ミイラ」にして大切に埋葬したわけだ。

紀元前八世紀に古代ギリシャの詩人ホメロスの書いた英雄叙事詩『イリアス』と『オデュッセイア』には、「不死の神々」と同時に、死後の人間の「幽霊」が登場する。このことから、ソクラテスの祖先も「霊魂」の存在を信じていたことがわかる。

ただし、古代エジプトの神話や古代ギリシャの詩に描かれた「霊魂」は、どれも生きた人間の「影」のような、非常に弱々しく、いわば感傷的な存在にすぎなかった。

文学部Ａ　日本文学に描かれている「幽霊」も、どちらかというと「影」のような存在ですから、似ていますね。

平家の落武者の幽霊のように壇ノ浦で非業の死を遂げたとか、江戸時代の「四谷怪談」のように、この世に執着を残したまま死んだ者の霊なので、真摯に供養すれば消えてしまう「儚い存在」として描かれることが多いです。

科学哲学者　ところが、ソクラテスが発見したという「魂」は、生き生きとした「確固たる不滅」の概念だ。ソクラテスの「魂」は、身体から分離できるばかりか、死後も存在し続ける。さらに彼は、「魂」は身体が生まれる前から存在したことも明らかだと信じていた。

医学部E　どうして明らかだと信じたんですか？

科学哲学者　なぜなら、ソクラテスによれば、人間は生まれてから一度も経験したことがないにもかかわらず、知っていることがあるからだ。彼は、それこそが生まれる前から「魂」が存在する「証拠」だとみなした。

もちろん、こんな「証拠」は受け入れられないと考える後世の哲学者も数えきれないほどいるから、いまだに「魂論」に対する議論が続いているわけだがね。

医学部E　「生まれてから一度も経験したことがないにもかかわらず、知っていること」なんて、ありますか？

科学哲学者　たとえば、正三角形。君は、各辺の長さが等しく、まったく同じ六〇度の角度を持つ正三角形のことを「知っている」だろう？

現実世界に、このように「完全な正三角形」は存在しない。どんなに細い線で精密に描いたとしても、線には幅があり角度にはズレが生じる。だから君は、生まれてから一度も「完全な正三角形」を見たことがないはずだ。それにもかかわらず、君はその存在を簡単に理解できる。つまり「知っている」わけだ。

ソクラテスは、「完全な正三角形」と同じように「完全な美」や「完全な正義」が存在し、それらを誰も生まれてから一度も経験したことがないにもかかわらず、すでに「知っている」とみなした。

医学部Ｅ　「完全な正三角形」を見たことがないのに認識できるという話は、わかる気がします。

　しかし、「完全な美」や「完全な正義」が存在するとは思えませんが……。

科学哲学者　君が一枚の絵を見て、すばらしく「美しい」と感動したとする。その感動は、どこから来るのか？

　ソクラテスによれば、それは君の「魂」が「完全な美」を知っているからだ。君がその絵を見ているのは、もちろん身体的な「眼」が正常に機能しているからだが、感動するのは君の「魂」が「完全な美」を想い起こしたからだというのが、ソクラテスの見解だ。

文学部Ａ　日本語に「心眼」という言葉があります。身体器官としての「眼」で単に知覚するのではなく、「心眼」で観なければ絵画や骨董の真の価値はわからないなどと言いますが、それがソクラテスのいう「魂」なのかもしれませんね。

科学哲学者　「完全な正義」についても、ソクラテスは同じように説明する。

　仮に君たちが何か悪事を働こうとしたとする。失敗に対する恐怖や、捕まった際の刑罰を怖がる気持ちもあるだろう。しかし、ソクラテスによれば、君たちが悪事を働かない本当の理由は、「完全な正義」を知っている君たちの「魂」がそれを止めるからだ。

イデア論

経済学部C　映画『スター・ウォーズ／フォースの覚醒』で、ストーム・トルーパーのフィンが逃げ出したのも「正義」のため?

法学部B　フィンは、平和な惑星の住人を虐殺せよという銀河帝国の命令を「正義ではない」と感じて、帝国軍から脱走したんだよね。

　ソクラテスのいう「魂」とは、「フォース」のようなものかもしれない。

理学部D　それは違うよ。『スター・ウォーズ』における「フォース」とは、銀河の万物を包み込んでいる一種のエネルギーのこと。だからジェダイは「フォースと共に在れ（May the force be with you.）」と言うわけ。

　生命体の細胞に含まれる共生体「ミディ・クロリアン」が、その生命体の「フォース」を強めるという設定になっている。

法学部B　しかし、死後も生前と同じ姿で現れるジェダイが出てくるよね。あれが「魂」の表象じゃないのかな？

理学部Ｄ　いやいや、ジェダイにとっての「死」は「フォースと一体化する」こと。特別な方法で、自我を持ったままフォースと一体化することに成功したジェダイもいるということだよ。

法学部Ｂ　だから、その「自我を持ったままフォースと一体化」した対象のことを「魂」と呼んでもいいんじゃないかな？

　なぜなら、映画『スター・ウォーズ／スカイウォーカーの夜明け』の中で、ルークが海から……。

文学部Ａ　その先は言わないで！　私まだ、その映画を観ていないんだから！

理学部Ｄ　もちろん、映画の中ではどんな空想物語でも表現できるけど、実際の人間は六〇兆個の細胞の集合体で、死ねば腐敗する物質だよ。

　正直言って、「霊魂」とか「魂」なんて、宗教かオカルトの話としか思えないんですが。

科学哲学者　その宗教やオカルトばかりでなく、思想や芸術、映画やゲームにまで影響を与え続けているのが、今から二五〇〇年前にソクラテスが生み出した「魂」という概念なんだよ。

さきほど君だって、「何らかの『本当の自分』が存在すると思う」と言っていただろう。その「本当の自分」が「君の魂」という感覚じゃないのかね?

理学部D　それは、そうかもしれません。しかし、僕が死んで、つまり僕の脳に血液が循環しなくなって機能を停止したら、その「魂」も消滅するはずです。

科学哲学者　死後に「魂」が存在するかどうかの話は別として、現在の自分の中に「本当の私」あるいは「私の魂」のようなものが存在すると思っているんだったら、やはりそこにはソクラテスの影響が考えられるということだ。

ただし、すでに話したように、ソクラテスは何も書き残していない。そもそも彼は、人々と「問答」を繰り返している最中に現れる「生きた言葉」が重要で、紙に書き記された言葉は「死んだ言葉」だと考えていたからね。

法学部B　ライブだけを大事にしているアーティストみたいですね。

科学哲学者　我々が知るソクラテスの見解は、ほとんどがプラトンの著作に基づいている。したがって、どこまでがソクラテスの見解で、どこからがプラトンの創作なのか判断するのが難しい面もある。これは「ソクラテス問題」と呼ばれて、古代ギリシャ哲学の専門家にとっては、大問題なんだ。

法学部Ｂ　永遠に解けそうにない問題じゃないですか？

科学哲学者　精密な文献研究によって、ソクラテスの「完全な美」や「完全な正義」の概念を推し進めて、「美そのもの」や「正義そのもの」を「美のイデア」や「正義のイデア」と呼び始めたのがプラトンであることはわかっている。

　プラトンは、彼が開校した「アカデメイア」と呼ばれる学園で「イデア論」を世に広めた。

医学部Ｅ　プラトンのアカデメイアの入り口には「幾何学を知らぬ者、くぐるべからず」と書いてあったそうですね。

科学哲学者　プラトンの「イデア論」の根源にあるのが、幾何学だからね。

　君たちは、紀元前六世紀にピタゴラスが導いた「ピタゴラスの定理」を知っているだろう？

理学部Ｄ　直角三角形の斜辺の長さをＡ、他の二辺の長さをＢとＣとするとき、「$A^2=B^2+C^2$」が成り立つ。

科学哲学者　当時は「任意の直角三角形において、斜辺を一辺とする正方形の面積は、直角をはさむ二辺それぞれを一辺とする正方形の面積の和に等しい」と表現していた。

　この性質が直角三角形に認められることは、ピラミッドのような巨大建造物を設計した古代エジプト文明以来、すでに経験的に知られていた。だから、実はピタゴラスが「ピタゴラスの定理」を発見したわけではない。

ピタゴラスの最大の功績は、BとCを一辺とする正方形を描くことによって、その面積の合計がAを一辺とする正方形の面積と等しいことを導き、この定理を「証明」した点にあった。

つまり、ピタゴラスは、経験的な知識から一定の数学的パターンを抽象化し、そのパターンが「任意」の直角三角形に対して「普遍的」に成立することを、正方形の面積の基本的な性質から論理的に導いたわけだ。その意味で、数学に「証明」の概念を最初に持ち込んだのが、ピタゴラスといえる。

医学部E　考えてみたら、どんな直角三角形に対しても、常に必ず成立する数学的パターンがあるというのは、すごいことかもしれない。

科学哲学者　プラトンが「イデア」という言葉を使うときに意識していたのが、まさにその幾何学における「普遍性」の概念だ。しかも、この「普遍性」は論理的に「証明」することができる。だからこそプラトンは、「イデア」の存在に強い確信を抱いたと考えられる。

いかに生きるべきか

文学部Ａ　ソクラテスの「魂論」がプラトンの「イデア論」に進んでいったことはわかりますが、現実に生きている私たちにとって、どのような意味があるのでしょうか？

科学哲学者　ソクラテスは、人生において最も重要なことは、「魂の健康」だと主張した。そのために彼が何よりも必要だと考えたのが「徳」だ。古代ギリシャ語では「アレテー」と呼んでいるがね。

よく生きるためには、「徳」で「魂」を磨かなければならない。そして、よく死ぬために、よく生きることが大切だとソクラテスは述べている。

彼にとって、世俗的な人間が最も求めるであろう優れた容貌や豊富な財産、仕事上の成功や身体の健康と長寿でさえ、重要ではなかった。

さきほども言ったように、彼は「醜男」だったし、金持ちでもなかった。ろくに家事もしないで「問答」ばかりしていたから、帰宅するたびに妻のクサンティッペから怒鳴られ、頭の上から水をかけられたこともある。

経済学部Ｃ　あははは、その妻の怒る気持ち、よくわかる気がするわ。

でも、ソクラテスは、どうやって生活していたんですか?
科学哲学者　彼は、若い頃には戦場で勇敢に戦ったから、当時の軍人年金のようなものを受け取っていた。それに、彼と同世代のクリトンという裕福な地主の親友がいて、彼の家族の面倒を見てくれていた。ソクラテスは、職業教師のソフィストとは違って弟子から授業料を取らなかったから、貧しかった。

死刑判決が出た後、クリトンを中心とする友人や弟子が牢獄の門番を買収していたから、ソクラテスは容易に逃げ出して、国外で暮らすこともできた。しかし、彼が「悪法も法である」と言って、紀元前三九九年、自ら毒杯を飲み干したという有名な史実は、君たちも知っているだろう。

彼の死の間際、クサンティッペが「無実の罪で死ぬなんて」と嘆くのを聞いて、ソクラテスが「それじゃあ、お前は私が真の有罪で死ぬ方がよいのかね?」と言ったとも伝えられている。
経済学部C　最後まで、皮肉っぽい人だったんですね。
科学哲学者　彼は、自分が、「魂」の命じるままに「徳」を追求した最善の人生を送ったと信じていた。そのうえ彼は、死後の「魂」の存在を確信していたから、何も恐れず平安のうちに死ぬことができたわけだ。

法学部B　ソクラテスの生き方は、それなりに立派だった気がしてきたよ。

文学部A　プラトンは、どのように考えたのでしょうか？

科学哲学者　プラトンは、初期の作品では、師ソクラテスの発言を尊敬して忠実に書き残していたが、中期から後期にかけての著作では、次第に自分の思想をソクラテスに語らせるようになった。

　彼の代表作の一つとして評価されている中後期の『国家』という作品では、「イデア論」がエスカレートして、イデアの世界こそが真の「実在」であって、現実世界は「仮想」にすぎないという過激な見解を主張するようになっている。[38]

　ここに登場するのが、有名な「洞窟の比喩」だ。プラトンは、人間とは、洞窟の中で暗い壁の方向しか見えないように縛られた囚人のようなものだと述べている。洞窟の外では太陽が光り輝いているが、それがイデアの世界だ。ところが、洞窟の中にいる人間は、光の影が壁に映るのを見ることしかできない。つまり、我々の現実世界は、真実のイデアの世界の「影」のようなものだというわけだ。

医学部E　「完全な正三角形のイデア」は、僕らから直接見ることができない洞窟の外にある。僕らは、不完全な正三角形を描くしかない。それが「影」のようなものにすぎないというわけですね。

科学哲学者　「完全な正三角形のイデア」ばかりではない。プラトンによれば、完全な四角形、完全な円、完全な美、完全な正義、完全な勇気、完全な善、完全な徳のようなイデアも同じように存在する。

　現実世界では、どんなものも完全ではないし、時間と共に変化し崩れていく。ところが、「完全なイデア」は、過去から未来永劫に至るまで、まったく同じように存在する。だからプラトンは、イデアの世界こそが「永遠」に続く「普遍的な実在」だと信じるようになったわけだ。

理学部D　たしかに、ピタゴラスの定理は、永遠に成立するでしょう。数学の定理は、たとえ人類が滅亡したとしても、この宇宙において永遠に不滅だとは思いますが……。

科学哲学者　プラトンから三〇〇年後、キリストが誕生する。その後、プラトンのイデア論はキリスト教に大きな影響を与えた。

「永遠に続く普遍的なイデアの世界」といえば、何を想像するかね？

経済学部C　「天国」ですか？

医学部Ｅ　そうか！　ソクラテスの「魂論」とプラトンの「イデア論」を組み合わせれば、現世で徳のある善行を積んだ「魂」が死後「天国」へ行って祝福されるというキリスト教の教義が生み出されるわけだ。

文学部Ａ　キリスト教の後に登場するイスラム教でも、死後の「魂」はアラーの判断で天国に行くか、地獄で焼き尽くされるかに決まりますよね。仏教の「魂」は、いろいろな生物の中に入って「輪廻転生」を繰り返しますけど……。

科学哲学者　死後にすばらしい天国が待っているという教義は、施政者にとって非常に都合がいいものだが、その理由がわかるかね？

文学部Ａ　死後に天国に行けるとしたら、死を恐れなくなるから、ですか？

科学哲学者　そのとおり。ソクラテスは、戦争で勇敢に戦い、平然と毒を飲むことができた。死後の「魂」を信じる人間は、死を恐れない。つまり、最高の兵士になるわけだ。

法学部Ｂ　数年前、自爆テロを起こそうとして爆弾ベルトを巻いた若者がパリで逮捕された事件がありましたね。

　彼らは、イスラム原理主義の宗教指導者から、「異教徒を殺す行為は殉教」だと教え込まれ、死後には「必ず天国に行ける」と言われたことを信じたと自供していました。その「天国」には、酒と食物が何でもあって、七二人の美しい処女が相手をしてくれるそうです。
医学部E　戒律の厳しいイスラム教徒は、現世ではアルコールもギャンブルも禁止だし、断食もある。彼らからしたら、そういう世界が「天国」なんだろうね。

デモクリトス

理学部D　どうして人間は、どう考えても非科学的な「魂」や「天国」を信じてしまうんでしょうか？
科学哲学者　それには、いろいろな理由が考えられるがね。
　古代ギリシャ哲学者の中にも、ソクラテスの「魂論」やプラトンの「イデア論」を批判する者はいた。「快楽主義」を主張したエピクロスなどは、「ソクラテスはバカだ」と公言していたくらいでね。
　エピクロスは、デモクリトスの「原子論」の信奉者だった。君たちも知っていると思うが、デモクリトスは「万物は原子からできている」と主張した「自然科学の祖」ともいえる人物だ[39]。
理学部D　古代ギリシャ時代に「原子論」を主張していたなんて、立派ですよ。そこから人間は、科学技術を推し進めればよかったのに……。

科学哲学者　デモクリトスは、ソクラテスとほぼ同世代の紀元前四六〇年頃に生まれたにもかかわらず、当時の神話や常識にいっさい頼らず、さまざまな物質の性質を純粋に自然現象として研究した人物だ。しかも彼は、自然現象は「神」の力などではなく、「自然法則」に従っていると考えていた。

　太陽や月、雲や海、動物や植物など、さまざまな自然現象を観察していくうちに、デモクリトスは、すべての物質が「原子」と「空虚」の組み合わせで構成されていると考えるようになった。

　そこから彼は、宇宙の「空虚」に無数の「原子」があれば、それらの「原子」が渦を作りながら一カ所に集まり、衝突して幾つかの塊を作りながら回転を始めるに違いないと推察した。

理学部D　驚いたなあ。まさにそれは、太陽系で惑星が形成されて公転を始める現象の解説じゃないですか。二五〇〇年前にそんなことまで考えていたとは、すごすぎる！

科学哲学者　だが、残念ながらデモクリトスの理論は、古代ギリシャ時代では何も実証できなかった。なにしろ、顕微鏡と天体望遠鏡が発明される一五九〇年よりも、二〇〇〇年前の話なんだからね。

しかも、デモクリトスの「原子論」は、ソクラテスの「魂論」よりも圧倒的に人気がなかった。

理学部D　どうして、人気がなかったんですか？

科学哲学者　デモクリトスによれば「万物は原子からできている」から、当然、人間も原子からできていることになる。つまり人間は、犬や猫、花や木、金属や石ころと同じ原子で構成されているわけだ。それを聞いてどう思うかね？

ソクラテスの「魂」や「徳」の話、プラトンの「イデア」や「来世」の話に比べると、圧倒的に夢がないし、人生の有難味もなくなるだろう？

理学部D　それは、モノの見方でしょう。人間を単なるモノとしてみたら、原価は一万円程度だという本を読んだことがあります。[40]

経済学部C　たった一万円って、どういうこと？

理学部D　人間を化学的に分解すると、三四種類の元素から構成されていることがわかっている。仮に体重七〇キロの人間だと、構成元素は、酸素四六キロ・炭素一三キロ・水素七キロ・窒素二キロ・カルシウム一キロと続くわけ。

一番多い酸素と水素を組み合わせたら四二キロくらいの水になるけど、これをペットボトルで買っても安いものだよね。一番高価なマグネシウムは三五グラム含まれているんだけど、それだって工業用品店で買って五〇〇〇円以下。

つまり、元素という化学物質として計算して買い取ると、人間の原価は一万円程度にすぎないということ。

経済学部C　経済学では、人間の値段といえば「生涯賃金」で考えるのよ。

日本では、景気の良かった二〇〇〇年頃、大卒サラリーマンの生涯賃金が三億円を超えそうだったけど、今では二億六〇〇〇万円くらいにまで落ち込んできているみたい。

理学部D　しかし、人間の価値や尊厳は、金とはまったく別の次元の話だよ。

化学成分で考えたら一万円程度、生涯賃金で考えたら三億円未満なのかもしれないけど、それはすべて、そういうモノの見方に基づいているだけ。

文学部A　私、絵が好きなんだけど、数年前にサウジアラビアの大富豪がピカソの「アルジェの女たち」を二〇〇億円で購入したのを知って、ビックリした。

金額だけで言えば、その一枚の絵が、人間何十人もの価値になってしまうわけでしょう？

医学部E　たしかに、いろいろなモノの見方があるんだけど、理系の考え方は、人間を「尊重していない」とか「冷たい」と勝手に誤解されてしまうんだよね。

医者が患者に病状を説明するときも、いろいろな検査結果の数値や画像を見せながら、努めて冷静に臓器や腫瘍の状態を説明するんだけど、それを快く思わない患者がいる。そういう患者とのコミュニケーションが原因で、最近は、医者の方がメンタルをやられるケースが増えているらしいんだよ。

エピクロス

理学部D　しかし、それでもデモクリトスを信奉した哲学者がいたという話でしたよね？

科学哲学者　そうそう、エピクロスの話をしていたんだ。

彼は、紀元前三四四年に生まれているから、デモクリトスよりも少し年下になる。デモクリトスの「原子論」を信奉し、そこから「いかに生きるべきか」を考えた人物だ[41]。

エピクロスによれば、人間は「原子」からできているから、人間が死ねば、その身体を構成していた「原子」も自然に還元される。したがって、ソクラテスのいう「魂」のようなものが存在するはずがない。

だから彼は、ありもしない夢想の「魂」を信じて市民裁判官に憎まれ口を叩き、挙句の果てに死刑になったソクラテスのことを「バカ」と断言したわけだ。

さらに、「万物は原子からできている」以上、「天国」のように原子に還元できない世界も存在しない。したがって、人生の目的は、ソクラテスやプラトンが言うように、「徳」をもって善く生きて「天国」に行くようなことではない。

重要なのは、今生きている現実世界で達成すべきことであって、エピクロスは、人生の目的は「幸福」でなければならないと考えた。

理学部D　すばらしい！　僕は、エピクロスの考え方に大賛成です。

科学哲学者　それでは、どうすれば「幸福」になれるか。

エピクロスは「快楽」によってこそ人間は「幸福」になれると考えた。だから、彼の立場は「快楽主義」と呼ばれるようになったわけだ。

経済学部C　今目の前にある快楽を追い求める人のことを「エピキュリアン」って言いますが、それは「エピクロス」から来ているんですか？

科学哲学者　名称の語源としてはそうなんだが、いわゆる「エピキュリアン」というのは、後世になって刹那的な「快楽主義」を追い求める人々が登場してから生まれた言葉でね。エピクロスの思想自体は、まったく異なるものだ。

エピクロスは、今目の前にある「快楽」と、その後に生じる「不快」を比較して、もし「不快」が上回るようだったら、その「快楽」を求めるべきではないと述べている。つまり、彼自身は良識的な快楽主義者で、いわゆる「エピキュリアン」ではなかったわけだ。

理学部D　その考え方もリーズナブルですね。

科学哲学者　エピクロスは、人間の欲求を三種類に分けて考えた。健康と安定した衣食住のような「自然で必要な欲求」、大邸宅や贅沢品で飾り立てるような「自然だが不必要な欲求」、世俗的な成功や名声のような「自然でも必要でもない欲求」……。

人間が「幸福」になるためには、何よりも苦痛や恐怖のような「不快」から逃れなければならない。そう考えてみると、「自然だが不必要な欲求」と「自然でも必要でもない欲求」を満たそうとすると、必ず「不快」が付いてくることがわかるだろう。

法学部B　贅沢のためにお金儲けをしようとしたり、名声を得るために成功しようとすると、嫌な思いもたくさんしなければならないということですね。

医学部E　まあ、どちらもキリがない欲求だから、そうなってしまう可能性は高いだろうけどね。

科学哲学者　そこでエピクロスは、人間が「幸福」になるためには、「自然だが不必要な欲求」と「自然でも必要でもない欲求」をすべて捨て去り、「自然で必要な欲求」だけを追求しなければならないと主張した。

その結果、人間は、あらゆる苦悩から解放される。エピクロスは、人間にとっての最高の「幸福」は、「平静な心」を実現することだと考えた。これを古代ギリシャ語では「アタラクシア」と呼ぶんだが、この言葉には「無感覚」という意味もある。要するに、何も感じない澄み切った水のような心境のことだろう。

文学部Ａ　「明鏡止水」の境地ですね。

私、中学まで「剣道」を習っていたんですが、頭に巻く手拭いに「不動心」と書かれていました。どんな状況になっても揺れ動かない体勢のことだと教えられたんですが、それがエピクロスの「平静な心」につながるような気がします。

でも、人間は必ず死にます。エピクロスは、死の恐怖に対しては、どのように考えていたんでしょうか？

科学哲学者　エピクロスは、「死を恐れる必要はない」と述べている。

それは「魂」が永遠だからと考えたソクラテスやプラトンとは正反対の理由でね。エピクロスによれば、死の瞬間に人間は「感覚」を失って「原子」に戻るのだから、恐怖を感じることはない。むしろ、その瞬間にこそ、人間は「平静な心」を得られるということになる。

文学部A　なるほど。「死」の瞬間に「平静な心」を得られるとすると、それこそが「幸福」だということになりますね。

科学哲学者　エピクロスは、彼自身の人生でも「自然で必要な欲求」だけを追求した。すなわち、健康で安定した衣食住があり、人々との友情に満ちた生活だ。

その理想を実現するために、彼は「庭園」と呼ばれる学園を開き、弟子たちを集めて、自給自足の共同生活を送った。

政治や経済、社会とかかわると「不快」が増すので、彼は「隠れて生きよ」と厳命した。結果的に彼は、非常に質素な生活を送った。

経済学部C　「質素な生活」？　全然「快楽主義者」らしくないじゃないですか。

科学哲学者　たとえば、豪華な食事は「自然だが不必要な欲求」に含まれる。食べる瞬間には、美味しい快楽を得られたとしても、その後には体重の増加や病気の心配が増すばかりだろう？

したがって、エピクロスの食事は「パンと水だけ」。彼は、これさえあれば、十分幸福だと述べている。

経済学部C　あははは、信じられない。まるで「禁欲主義」じゃないですか！

医学部E　たしかに、「快楽主義」を突き詰めたら「禁欲主義」になるなんて、おもしろいね。

法学部B　ところで、アカデメイアを設立したプラトンは、立派な教師だったんでしょう？

科学哲学者　いやいや、プラトンにも「ダークサイド」があってね……。

スター・ウォーズの哲学

経済学部C　「ダークサイド」って、もしかして先生も映画『スター・ウォーズ』をご覧になっているんですか？

科学哲学者　私はね、君たちが生まれるより前の一九七七年、封切られたばかりの『スター・ウォーズ／新たなる希望』から、シリーズ全作品を観ているんだよ！

経済学部C　あははは、そんなにお好きだったとは、失礼しました！

科学哲学者　いや、何も好きで見ているんじゃなくて、研究のために観ているんだ。哲学的にも、興味深い面があるからね。もちろん、映像と音楽はすばらしいし、エンターテインメントとしても抜群の映画だとは思うがね。

そもそも『スター・ウォーズ』を生み出した総監督ジョージ・ルーカスは、世界の宗教や哲学を参考にして脚本を組み立てたと述べている。
とくに、ストーリーの流れは、マニ教の神話そのものでね。私の知人の哲学者は、彼のことを「ハリウッドのマニ教徒」と呼んでいるくらいだ。[42]

医学部E　マニ教というのは、どんな宗教なんですか？

科学哲学者　二一六年にペルシャに生まれた教祖マニが、イランのゾロアスター教の強い影響下で生み出した宗教でね。
マニの語る神話によれば、世界が始まったとき、「光の王国」と「闇の王国」がバランスをとって共存していた。ところが、「闇」が「光」の力を欲して「光の王国」を侵略したため、「闇」に囚われた「光」を回復するための戦いが開始された、というわけだ。現世は、「光」と「闇」の戦いが続いている最中でね。

法学部B　まさに『スター・ウォーズ』そのものじゃないですか！「ライトサイド」と「ダークサイド」がバランスをとって共存していたのに、「ダークサイド」が侵略を始めたなんて……。

科学哲学者　マニ教は、「光の王国」が「善」、「闇の王国」が「悪」を表す完全な二元論の世界観で構成されている。

「光の王国」で誕生した「オフルミズド」という名前の英雄が、「悪」と戦うために「闇の王国」に行って戦うが、敗れて「闇の王国」に吸収されてしまう。

法学部B　ライトサイドの「アナキン・スカイウォーカー」が、ダークサイドに吸収されて「ダース・ベイダー」になるのとそっくり！

　そういえば、「ダース・ベイダー」のヘルメットは、ナチス・ドイツの戦闘用ヘルメットに似ているよね。「ユダヤ人に支配されている」といわれるハリウッドでは、ナチスが「悪」の象徴なんだろう。

科学哲学者　ナチス・ドイツのイメージも入っているだろうが、「ダース・ベイダー」の漆黒のマスクと上から下まで黒一色でまとめている装甲服は、実は、戦国時代の伊達政宗の軍服「黒漆五枚胴具足」がベースになっているんだよ。[43]

経済学部C　先生、詳しい！　そういわれてみると、日本の武将の鎧兜の雰囲気だわ。

科学哲学者　『スター・ウォーズ』の方がマニ教よりも進化しているのは、単純な「勧善懲悪」ではなくて、「バランス」という概念を用いていることだろう。映画の中では、登場人物の内部で「善」が「悪」になることもあるし、「悪」が「善」になることもある。

古代ギリシャ時代のソクラテスやプラトン、キリスト教とマニ教、そしてイスラム教が成立した六一〇年頃の時代の社会構造は、非常に単純だった。だから、「神」を信じれば「善」で信じなければ「悪」、戒律を守れば「善」で守らなければ「悪」、味方は「善」で敵は「悪」といった絶対的な価値観を人々が容易に信じたわけだ。

ところが、現代のように世界がグローバルに直結し、国際社会の中の一員として物事を判断せざるをえない社会では、単調な「勧善懲悪」が成立しないことは明らかだろう。もし自分の国だけが「善」だと主張するような国や地域があっても、世界で受け入れられない以上、長期的にはその主張は崩壊していくに違いない。

経済学部C　たしかに、為替相場でも円だけの絶対評価なんて不可能ですからね。円がドルに対して強くても、ユーロに対しては弱かったりするし……。

金融市場では、さらにポンドやスイスフランのような他の国際通貨の状況も考えて相対的に取引しなければなりませんから、すごく複雑ですよ。

科学哲学者　逆に言えば、現代のように複雑な社会で「完全な善」や「絶対的な正義」や「必ず成功する」といった夢のような話があれば、それらは「詐欺」だと思って間違いない。それにもかかわらず、引っ掛かる大学生が多くて、教授会でもよく問題になるんだがね……。

カルトの罠

経済学部C　私は、そんな詐欺には引っ掛かりませんよ！

科学哲学者　今日の元気一杯の君だったら大丈夫だろう。しかし、仮に来年、就職活動がうまくいかなくて、落ち込んでいたとしたらどうだろう？

以前、「メディオス」という「自己啓発セミナー」が流行したことがある。この会社は、ターゲットを「女子学生」に限定して日本各地で会員を広げた。私のゼミにいた学生も被害を受けたので、よく知っているんだがね。[44]

　仮に来年の君が、うまく内定が決まらず悩んでいるとしよう。就職説明会に行くと、隣の学生から「自己分析したら、面接で自分の長所や短所をうまく表現できるようになって、一流企業の内定が取れたよ」などと話しかけられる。

　君が興味をもって付いていくと「メディオス」の社員が現れ、言葉巧みに「自己分析コース」を勧める。これは三日間で七万五〇〇〇円掛かるから、君が「高くて払えない」と言うと、社員は消費者金融の学生ローンを紹介して「夏休みにバイトでまとめて払えば楽に返せるよ」などと勧める。

経済学部C　普通だったら、そんな男には付いていかないでしょうけど、もしすごく落ち込んでいたら、ありえるかもしれない……。

科学哲学者　もともと「自己啓発」というのは、「本来の自分を知る」ためにアメリカの心理学者によって開発されたセミナー主体の実践理論でね。

たとえば、自分が生まれた当時の両親の姿を想像し、過去の自分と両親との関係を振り返るセミナーがある。誰でも両親との間には、長年にわたる喜怒哀楽の感情があるだろうが、それらを過去に遡って、一つ一つ再確認する。最後に自分が生まれた場面になって「お父さん、お母さん」と呼びかける場面では、多くの受講生が涙にまみれて絶叫する。

本来は、日常生活で見過ごしている「自分」を発見するための実習なんだが、その自分を周囲に曝け出させるという極端な方法だ。いったん曝け出した受講生には、それらを一つ一つ否定して、「変革」させるための心理操作として悪用することができる。その時点で、すでに受講生は「マインド・コントロール」されているというわけだ。

経済学部C　私だったら、そんな妙なセミナーからは、すぐに逃げ出すと思いますけど？

文学部A　でも、セミナーでは全員が順番に当てられていくわけでしょう？

その集団から、自分だけが逃げ出すなんて、簡単ではないと思うよ。

科学哲学者　次の段階では、三日間で一五万円掛かる「自己表現コース」の学生ローンを組むことになる。これは「自分の殻を打ち破る」ための合宿で、多くの「自己啓発セミナー」で実施される「ライフ・ボート」のような実習が行われる。

　受講生は、沈没しかけている船に乗っているという想定で、五人乗りの救命ボートに誰が乗るべきかを互いに審議する。各自が皆の前で「自分は生きる価値がある」とアピールし、その内容を激しく批判し合い、最後に投票する。選ばれなかった受講生は、これまでの人生を振り返って「遺書」を書く。

文学部A　不気味！　でも、内部にいるとわからなくなるのかもね。

科学哲学者　二つのコースを受講した学生は、すでに人格が変わったようになっている。最後の「自己実現コース」は一五〇日で三万円と、期間が長い割に極端に受講料が安いが、それは「勧誘活動」を行うためだ。

　すでに「マインド・コントロール」は完成し、受講生は、「メディオス」はすばらしいと信じて、積極的に新人を加入しようとする。

　一人を勧誘するのに何日かかったかを数値化して競い合い、事務所にはグラフにして貼り出す。ランキングに応じて徹底した上下関係が強いられ、成功者には旅行やブランド品のプレゼント、失敗者には掃除や洗濯など屈辱的な罰が与えられる。

「メディオス」を離脱しようとする学生は、「向上心のないブスは出ていけ」などと罵倒される一方、「警察も我々の味方だ」などと脅され、報復が怖くて親にも相談できない。他の学生を勧誘のために使う接待費や交通費で借金が重なり、就職活動どころか、キャバクラなどのバイトで忙しく、大学の単位さえ取れない学生も出てきて、大問題となった。

法学部B　その話だけを聞いていると、「バカな学生だな」と思いますが、徐々に引き摺り込まれていくと、周囲が見えなくなるんでしょうね。

それまでに使った費用が増えれば増えるほど、それを取り返したいと思ってしまうだろうし……。

科学哲学者　多くの「カルト宗教」の特徴は、「勧誘こそが自己実現」と洗脳して「アメとムチ」で信者を飼いならし、貢がせることにある。心も身体も徹底的に支配して搾り取るわけだから、現代社会の最も深い「ダークサイド」の一つといえるだろう。

プラトンの暗黒面

理学部D　それで、プラトンのどこが「ダークサイド」なんですか？

科学哲学者　古代ギリシャ時代の哲学者の中で、現在もまとまった著作が残っているのは、プラトンと紀元前三八四年に生まれた弟子のアリストテレスによるものだけだ。

だから、どんな古代ギリシャ関係の哲学書を見ても、必ずプラトンとアリストテレスが大きく扱われているはずだ。ところが、実はデモクリトスには、自然学・論理学・数学・倫理学など広範にわたって、その二人以上に膨大な著作があったことがわかっている。

それにもかかわらず、デモクリトスの書いたものは、後世には断片しか残されていない。なぜなら、プラトンが残らず焼き払うように命じたからだと伝えられている。

理学部D　それはひどい！　でも、それは伝えられているだけですか？

科学哲学者　彼が命じたのは史実だという研究者もいれば、単なる噂にすぎないという研究者もいて、現時点では伝えられているとしか言いようがないんだがね。

少なくとも、プラトンの時代に生きていた歴史家アリストクセノスの『歴史覚書』には、プラトンがデモクリトスの著作を集められるだけ集めて、焼き払おうとした話が出てくる。周囲の学者たちが、そんなことをしても、デモクリトスの著書は広く読まれているから無駄だと諭したとあるから、当時はデモクリトスの著作がありふれていたことがわかる。

この話を紹介した後世の哲学史家ラエルティオスの『ギリシア哲学者列伝』には、プラトンが「最高の哲学者」になるために、デモクリトスを「最大の競争者」とみなしていたという話も出てくる。

理学部D　デモクリトスは、プラトンの「最大の敵」だったわけですね。

その感覚は、わかる気がする。デモクリトスは完全に「理系」で、プラトンは完全に「文系」。理系と文系の戦いが、紀元前から始まっていたとは……。

科学哲学者　ハッキリしているのは、プラトンの著作と認められている三〇を超える対話篇には、数えきれないほどの人間の名前が出てくるにもかかわらず、「デモクリトス」という名前は、ただの一度も登場しないことだ。対話が「原子論」の話題になって、出てきて当然のはずの場面でも、出てこない。

これは、当時のアカデメイアの学生たちから見ても奇妙なことだったから、プラトンはデモクリトスに「嫉妬」して、無視したのではないかという噂が広がったという。

理学部D　プラトンは、デモクリトスの世界観が優れていることに気付いていたからこそ、恐れたんでしょう?

逆に考えたら、デモクリトスは、すごい哲学者だったんですね。彼の著作が残っていないのは、本当に惜しいなあ……。

科学哲学者　実際にデモクリトスの著作が焼き払われていったのは、キリスト教カトリック教会がヨーロッパを支配した中世の「暗黒時代」における出来事だろう。

当時のカトリック教会とローマ帝国からすれば、デモクリトスの「原子論」ばかりではなく、彼の「万物は自然法則に従う。よって、神は必要ない」という世界観は、大変な「反逆思想」になるからだ。

文学部A　歴史的に「焚書」は支配者によって繰り返されてきましたが、本当に卑劣な行為だと思います。特定の学問や思想を批判するのは自由だと思いますが、「思想弾圧」のような加害行為は、暴力以外の何物でもないと思います。

高貴な嘘

科学哲学者　プラトンのダークサイドは、それればかりではない。

彼は、さきほど話した全一〇巻に及ぶ『国家』という著作において、どうすれば「正義」を実現し、政治体制を整え、理想の国家を建設できるか、詳細に議論している。

そもそも彼は、アテナイの「民主制」に大きく失望していた。なぜなら、彼の師ソクラテスが、市民裁判で死刑になったことに衝撃を受けていたからだ。彼によれば、市民は、物事の全体像を把握する能力にかけ、感情に左右され、平気で非合理な判断をくだしてしまう。
そこでプラトンは、強く安定した理想の国家を建設するためには、厳しい選抜をくぐり抜けた「哲人王」と呼ばれる哲学者が王となり、少数のエリート支配者が国家を運営するのが最善であるという結論に達した。
そのためには、「平民」が疑念を抱かずに、与えられた職務に専念するような社会を作る必要がある。そこでプラトンが考えたのは、「平民」が生まれながらに「支配者・兵士・労働者」の三種類に分かれ、各々の「魂」が「金・銀・銅」の三種類からできていると皆に信じ込ませるという方法だった。
経済学部C　それって、完全な「嘘」じゃないですか！
科学哲学者　そのとおり。もちろんプラトンも、これが「嘘」であることは十分承知している。ただし、これは単なる「嘘」ではなくて、社会を安定させるための「高貴な嘘（a noble lie）」だから許されると、ソクラテスに語らせている。
文学部A　「魂」を「徳」で磨かなければならないと信じていたソクラテスが、そんな「嘘」で市民を騙せとは言わないでしょう？
科学哲学者　だから、『国家』に登場するソクラテスは、プラトンの創作したソクラテスに違いないとみなされているわけだ。

経済学部C　そもそも、生まれながらに「魂」が「金・銀・銅」のどれかでできているなんて、誰も信じるわけがないんじゃないですか？

科学哲学者　その点もプラトンは用意周到でね。最初の発表当初の世代は信じないかもしれないが、その子どもや孫の世代になれば、ほぼ全国民に信じ込ませることができると述べている。

法学部B　ナチス・ドイツの宣伝大臣ヨーゼフ・ゲッベルスは、「大きな嘘も一〇〇回言えば本当になる」という趣旨の演説をしていますが、そういうことなんでしょうね。

経済学部C　いくらなんでも、人間は、そんなにバカじゃないでしょう？

科学哲学者　イギリスの哲学者バートランド・ラッセルの『西洋哲学史』には、プラトンの「高貴な嘘」が、日本で達成されたと書いてある。[45]

経済学部C　日本？　日本人が、そんな嘘に騙されたということですか？

科学哲学者　ラッセルが指しているのは、日本人が天皇を「現人神」と崇めた明治・大正・昭和の歴史のことだよ。

徳川幕府から「大政奉還」によって維新を成立させた明治政府は、天皇を「神格化」させて中央集権的な国家体制を築くため、大日本帝国憲法第三条で「天皇ハ神聖ニシテ侵スヘカラス」と定めた。

当初は徳川幕府の影響も残っていたから、「五稜郭の戦い」が終わるまで戊辰戦争も続いたくらいだが、その子どもから孫へ二代が経過した昭和になると、「天皇陛下」を「現人神」と国民に信じ込ませることに成功したではないかとラッセルは述べているわけだ。

法学部B　明治維新から終戦後まで、日本全国の小学校には、天皇・皇后の写真である「御真影」と「教育勅語」を収めた「奉安殿」という祠《ほこら》のような建物があって、子どもたちは「最敬礼」することが義務付けられていましたからね。

第二次大戦前に制定された「戦陣訓」では「生きて虜囚の辱めを受けず」と投降が禁じられていたため、多くの日本軍兵士が「天皇陛下バンザイ」と叫びながら突撃して亡くなった。これを大本営は「玉砕」と美化して伝えましたが、連合軍は「狂信的なバンザイ攻撃」と呼んでいた。悲惨すぎますよ。

終戦後、天皇が「人間宣言」を行い、「神格性」が「架空のもの」であると宣言するまで「現人神」という日本語が存在していたわけだから、ラッセルの言うこともわかる気がします。

医学部E　「マインド・コントロール」を分析した映像で観たことがあるんだけど、ナチス・ドイツも映画『意志の勝利』を制作して、小学校や中学校の学生たちを洗脳した。

　この映画に何度も出てくるのが、「一つの民族、一つの国家、一人の総統」というスローガンでね。それに対して、数十万人の民衆が声を合わせて「ジーク・ハイル」（勝利万歳）と繰り返して答える。あれを子どもが何度も何度も観せられたら、マインド・コントロールされてしまうのも無理はないと思うよ。

デカルト

科学哲学者　さて、ソクラテスの次に「自己」について考え抜いた人物といえば、「近代哲学の祖」と呼ばれるルネ・デカルトだろう。

　デカルトは、一五九六年にフランスで生まれ、カトリック教会のイエズス会が経営するラ・フレーシュ学院で論理学と数学、哲学を学んだ。その後、ポアティエ大学に進学し、一六一六年に法律学の学士号を取得した[46]。

　当時の良家の息子の習慣として、彼はオランダの軍隊に志願入隊し、その後、ドイツへ向かった。当時は、宗教改革の影響が広がり、神聖ローマ帝国がカトリックとプロテスタントに分離して「三〇年戦争」が始まった時期だ。とはいえ、膠着状態が続いていたから、彼自身は戦闘を経験せずに済んだ。

　結果的にデカルトは、大学を卒業してから約二年間、ヨーロッパ各地を巡りながら、放浪の旅を体験することができた。

経済学部C　いいなあ……。私も大学を卒業したら、二年間くらい世界を見て歩きたいわ。

医学部E　そうだね。僕らにとっては、夢の話だけど。

科学哲学者　一六一九年一一月一〇日、二三歳になったデカルトは、ドイツ南部のドナウ川のほとりにあるウルムという街にいた。そして、宿舎の暖炉のある部屋にゆったりと座り、これまでの人生を振り返った[47]。

　彼は、大学までは「書物の世界」を中心に勉学に励み、放浪してからは「世界という書物」を体験してきた。これから自分はどうすべきなのか。彼は、自分が進む道を発見するために、「自分の全精神」を傾けて、徹底的に考え抜くことを決心した。

法学部B　僕らとあまり変わらない年齢なのに、考え抜く決心をしたとは、立派ですね。

科学哲学者　もともと彼は、当時のキリスト教の教義やスコラ哲学の学説に、さまざまな疑問を抱いていた。

ラ・フレーシュ学院では、月に一度、クラスの学生全員が参加する討論会があったが、デカルトは、かなりの雄弁家だった。そこで彼は、相手の発言を安易に鵜呑みにせず、吟味して検討しなければならないことを学んだわけだ。

というわけで、徹底的に考え抜くにあたって、彼は一つのルールを定めた。それは、これまでに学校や社会から与えられてきた学問や常識のような「既成概念」を、すべて放棄するということ。つまり、すべてを疑ってみることにしたわけだ。これが、後に「方法論的懐疑」と呼ばれる方法なんだがね。

法学部B　「すべて」を疑うんですか？

科学哲学者　「すべて」だよ。君たちも、一緒にやってみたまえ。今から「すべて」を疑えるだけ疑ってみるんだ。

法学部B　そう言われても、すぐには浮かばないんですが……。

たとえば、今ここにいるC子は、実は人間ではなくてゾンビだとか？

経済学部C　なんですって？

科学哲学者　それでいい。疑える可能性のあることは、すべて疑ってみる。

文学部A　今、目の前にコーヒーカップと皿や、本と書棚が見えます。これらも幻想かもしれないと疑うことですか？

科学哲学者　そうだ。あらゆることが嘘ではないかと疑ってみるんだよ。

医学部E　しかし、そんなことを言い出したら、世界が存在することさえ疑えますよね？すべてが夢の世界なのかもしれないし……。

科学哲学者　まさに、そのとおり。実は、君たちは、今も自分の部屋のベッドの中で眠っているのかもしれない。今、この研究室にいることだって、夢の世界の出来事かもしれないだろう？

経済学部C　でも、頬っぺたをつねったら痛いですが？

理学部D　それだって、夢の中で痛いと思っているだけかもしれないよ。

　夢の中で、また夢を見ているのは、よくあることじゃないか。

文学部A　そういえば、そういう小説を読んだことがあるわ。

　ある日の朝、少女が目覚める。と思ったら、それは夢で、「起きなさい！」という母親の声で目覚める。そこでベッドから出た瞬間に目覚めて、「今のも夢だったんだ」とわかる。そこで、本当にベッドから出て、窓のカーテンを開けた瞬間に、また目覚める……。

科学哲学者　デカルトも、君たちと同じように考えた。その結果、今、自分が夢を見ていないと断定することができないことに気付いた。なぜなら、「夢の中」から「夢の外」に飛び出すことは、不可能だからだ。

今、この瞬間が夢でないと断定できないとすると、一時間前も二時間前も、昨日も先週も夢でないと断定できない。そう考えていくと、自分の過去すべてに遡って、自分の人生すべてが夢ではないとも断定できないことになる。

文学部A　「露と落ち　露と消えにし　我が身かな　浪速のことは　夢のまた夢」……。現世とは、すべてが夢うつつということですか？

医学部E　豊臣秀吉の辞世の句だね。

経済学部C　あのね、秀吉が死ぬ間際に「すべてが夢うつつ」だったと表現した話は別として、私たちが今生きている「現実」は「夢」ではないでしょう？

コギト・エルゴ・スム

科学哲学者　デカルトは、すべてが夢だと主張したわけではない。ただ彼は、君が言うように「現実は夢ではない」ことを、証明できないと言っているんだよ。

逆に言えば、我々が当たり前のように「現実」だと感じていることが、実は真実ではない可能性がある。もちろん、その可能性は非常に低いとは思うが、ここで大事なことは、我々が「現実は夢ではない」と断定できないことにある。

経済学部C　断定できないって、気持ちが悪いんですが……。

科学哲学者　気持ちが悪くても、仕方がない。断定できないんだからね。

さらにデカルトは、邪悪な悪魔が、あらゆる意味で彼を騙しているかもしれないと想定した。たとえば、彼は、彼の顔や頭、手や足、身体があると思っているが、それさえ悪魔に騙されているのかもしれない。

現代風に言えば、水槽の中で培養されている脳に電極が取り付けられて、「視覚・聴覚・嗅覚・味覚・触覚」の五感に「バーチャル・リアリティ」の刺激が与えられているだけかもしれないと疑ったわけだ。

医学部E　映画『マトリックス』の世界じゃないですか！

未来社会では、人間がＡＩに飼いならされて皆「バーチャル・リアリティ」の「マトリックス」という世界を見せられているのに、誰も気が付かない。

科学哲学者　その発想の原点にいるのが、デカルトだよ。それを具体化したのは、ハーバード大学の哲学者ヒラリー・パトナムでね。彼は、『マトリックス』が公開されるよりずっと前の一九八二年の論文で「水槽の脳」という思考実験を提案している。

経済学部Ｃ　哲学者って、よくそんな気持ちの悪いことを思い付きますね。「現実」が「夢」かもしれないとか、自分の身体が「水槽の脳」だなんて……。

　そんなに何もかも疑い続けたら、きりがないでしょう。タマネギの皮を剥き続けたら何もなくなってしまうように、すべてが消え去ってしまうでしょう？

科学哲学者　あははは、それが消え去ってしまわないのが、実におもしろいところなんだよ。デカルトは、あらゆることを疑った結果、どうしても疑うことのできない「確実な真実」を発見した、というわけだ。

経済学部Ｃ　それは、何？

文学部Ａ　なんとなく、見えてきた気がする。

　仮にすべてが夢の世界の出来事だとして、それでも、私が疑っているということ自体は、疑えないということかしら……。

法学部Ｂ　でも、それも夢だったらどうする？

文学部Ａ　それも夢ではないかと疑うこと自体は、残るでしょう。つまり、私が疑っている、あるいは疑い続けているということ自体は、タマネギの皮を剥いても剥いても、消え去ることがないはずなのよ！

科学哲学者　すばらしい！　今君は、デカルトと同じ結論に到達したんだよ。

デカルトは、いかなる悪魔に騙されていようと、今の自分が何層もの夢の中にいようと、その内部で疑っているという自己の意識だけは、疑うことのできない確実性を持っていると考えた。

これを、デカルトは、「コギト・エルゴ・スム（我思う、ゆえに我あり）」と表現したわけだ。

法学部B　なるほど！　自分が存在していないのではないかと疑うこと自体が、逆に自分が存在していることの証明になるわけだ。

医学部E　ちょっと待って。デカルトの論法でいくと、どんなに何層もの夢の中にいるとしても、「考えている行為」自体が残ることはわかる。しかし、その「考えている行為」を「私」がしていると断言できるのかな？

つまり、もし悪魔が「私」のフリをしていたらどうなるんだろう？

科学哲学者　あははは、君はデカルトよりも先に進んでいるじゃないか！

今、君が気付いた点は、後世の哲学者たちも指摘した批判でね。実は、デカルトが厳密に導いたのは「思考」が存在することだ。
ところが、デカルトにとって、「疑う」あるいは「考える」のは「私」以外にありえないという先入観があった。だから彼は、「コギト・エルゴ・スム」を「確実な真実」とみなしたわけだ。
しかし、実際には、非常に奇妙なことではあるが、「自分以外の存在」が「自分の存在」を疑う可能性もある。その「自分以外の存在」は、実は自分ではないにもかかわらず、自分だと信じて「自分の存在」を疑うという可能性でね。

経済学部C　あの、先生、わからなくなってきたんですが……。

科学哲学者　我々が一七世紀のフランスの哲学者と同じ立場で考えなければならないから、難しくなる面もあるんだよ。
デカルトの時代の哲学では、「思考」のような「属性」は「主体」がなければ存在できないとみなすのが当然だった。それで彼は、その大前提を暗黙のうちに使っている。ところが、後世の哲学者は、その大前提から自由になったから、もっと別の可能性に気付くことができたというわけだ。これが現代では、「意識」とは何かという研究になっている。

理学部D　僕らとデカルトでは、知識のバックグラウンドが違うから、前提も異なるということですね。

科学哲学者　簡単に言えばそういうことだ。専門用語では「共約不可能性」と呼んでいるんだがね。

たとえば、同じ「太陽」という用語が、アリストテレスにとっては天動説の「地球を周回する星」だが、コペルニクスの地動説以降では「地球が周回する星」を意味する。我々の時代になると、実際に人工衛星が写した「太陽」の画像や映像を見ることができる。この三者では、「太陽」の概念がまったく異なってくることがわかるだろう。

どの時代の哲学者も、その時代の知識を吸収し、懸命に考え抜いて、興味深い結論を導いてきたことはたしかだ。しかし、残念ながら、彼らが暗黙のうちに用いている大前提は、時代遅れになっているものも多い。

この話題に関連して、おもしろいジョークを思い出したから、紹介しよう。[48]

哲学者の夢

ある哲学者が、次のような夢を見た。最初にアリストテレスが現れたので、その哲学者は言った。「あなたのすべての哲学について、一五分ほどで概要を教えてくださいませんか？」その哲学者の驚いたことに、アリストテレスはわずか一五分の間に、莫大な量の事柄を凝縮した見事な解説をしてくれた。しかし、あることを哲学者が反論すると、アリストテレスは答えられなかった。論駁されたアリストテレスは、消えてしまった。次に、プラトンが現れた。だが、このときも同じことが起こった。プラトンに対する哲学者の反論は、アリストテレスに対するものとまったく同じものだった。プラトンもこれには答えられず、結局消えてしまった。続いて、歴史上の著名な哲学者が次々と現れた。しかし、この哲学者は同じ反論を唱えて、全員を論駁することができた。最後の哲学者が消えた後に、この哲学者は独り言を言った。「私は今眠っている。これが全部夢であることも知っている。それでも、私は、すべての哲学に対する普遍的な反論を発見したのだ！　明日目を覚ましたら、この反論を忘れてしまっているかもしれない。それでは、人類にとって大損失になる！」彼は、不屈の精神で自分の目を覚まさせ、机に駆けつけると、その普遍的な反論を書き付けた。そしてベッドに飛び込み、ほっとして眠った。翌朝目を覚ますと、彼は机に駆け寄って、自分が何と書いていたかを確認した。そこには、次のように書いてあった。「それは、**あなた**が勝手に言っているだけでしょう！」

経済学部C　あははは、このジョークはおもしろい！

でも、先生も哲学者だから、私も先生に「あなたが勝手に言っているだけでしょう」と言っていいんですか？

科学哲学者　私はね、哲学者ではなくて「科学哲学者」なんだよ！

私の信念は、「科学を抜きにした哲学も、哲学を抜きにした科学も、どちらも成立しない」ということだ。両方が必要不可欠。その両方を研究している科学哲学者は多くはないが、私はそのうちの一人だ。

医学部E　だから先生の研究室には、哲学書に加えて、英語版の『サイエンティフィック・アメリカン』と『サイエンス』それに『ニュートン』が並んでいるんですか！

科学哲学者　科学雑誌を読むのは、私の趣味のようなものだからね。日進月歩で突き進む科学のさまざまな分野の新発見や新理論ほど興味深いものはない。

君たちも、理系や文系などの大学の専攻に拘らずに、今後どんな分野に就職したとしても、暇さえあれば科学雑誌を読むといい。驚異的に幅広い発見があるはずだ！

医学部Ｅ　その科学で「意識」についてわかったことがあるんですか？

科学哲学者　我々は「自己」について、ソクラテスからデカルトにいたる見解を眺めてきたわけだが、実は「意識」とは「脳の創り上げた幻想」だと言ったら、驚くだろうね？

文学部Ａ　驚きます！　それは、どういう意味ですか？

科学哲学者　この事実は、一九八三年にカリフォルニア大学サンフランシスコ校の神経生理学者ベンジャミン・リベットが行った実験に基づいている[49]。

　リベットは、頭骸骨を切開した被験者の「随意運動野」に「運動準備電位」を測定するための電極を取り付けて、被験者の目の前に秒針代わりに黒い点が回転するモニターを設置した。

　そこで彼は、運動準備電位の変化を測定すると同時に、被験者にモニターを見ながら「指を動かす」ことを意図して、その瞬間に黒い点がどの数字の位置にあるのかを報告するように求めた。

　その結果は、衝撃的だった。この実験を何回繰り返しても、被験者が「指を動かす」ことを意図した瞬間よりも三五〇ミリ秒から五〇〇ミリ秒前に、すでに随意運動野に運動準備電位が生じていることが発見されたんだよ！

法学部B　もう少しわかりやすく説明していただけませんか？

科学哲学者　そもそも人間が指を動かすことができるのは、まずその人間が「指を動かす」ことを「意識」し、その指令が脳の「随意運動野」に伝わり、そこで「運動準備電位」が上昇して、電気信号が運動神経を通じて指の筋肉に届くからだというのが、神経生理学の常識だった。

医学部E　「神経生理学」は、来年受講する予定なので、まだ勉強していないんですが、それが常識だということはわかります。

科学哲学者　ところが、リベットの実験によれば、ヒトが「指を動かす」ことを「意識」するよりも三五〇ミリ秒から五〇〇ミリ秒前に、すでに指を動かすための指令が「無意識」的に発せられていたことになるわけだ！

法学部B　それは興味深い。もしそれが事実だったら、すべてを決めているのは「無意識」だから、人間に自由意志は存在しないことになりませんか？

科学哲学者　冗談ではなく、本気でそのように考えている哲学者も最近出てきているくらいだよ。

もっと日常的にわかりやすい例で考えてみよう。仮に時速四五キロで車を走らせているところに、突然、少年が目の前に飛び出してきたとする。これを運動準備電位測定によるシミュレーション実験で確認すると、被験者は少年が飛び出してきた瞬間から一五〇ミリ秒でブレーキを踏み、その被験者が少年を見たと「意識」するのは、五〇〇ミリ秒後であることがわかった。

この実験により、少年を見た瞬間にブレーキを踏むという行動が、被験者の「意識」を経由せずに、被験者の「無意識」で決定されていることが立証されているわけだ。

経済学部Ｃ　私も車を運転しているから、よくわかります。運転していて何かが目の前に見えた瞬間、条件反射でブレーキを踏む。でなければ、轢いてしまうじゃないですか。

科学哲学者　そこで興味深いのは、いつ少年が見えたかを被験者に尋ねると、「飛び出してきた瞬間」だったと答えることだ。

経済学部Ｃ　当たり前ですよ。少年が見えたからこそ、ブレーキを踏んだわけでしょう？

科学哲学者　いいかね、もう一度よく私の言うことを聞いてほしい。

君がこの実験の被験者だとしよう。君が車を運転していると、少年が視界に入り、その一五〇ミリ秒後に足が条件反射的にブレーキを踏む。ここで重要なのは、ここまでの行動がすべて「無意識」によるもので、君の「意識」は、まだ少年に気付いてはいないし、何の行動命令も出していないということだ。

実験結果によれば、ブレーキを踏んでから三五〇ミリ秒経った後に、初めて君は少年を「意識」し、自分の足がブレーキを踏んでいたことに気付く。

さらに興味深いのは、この時点で君の「意識」は、五〇〇ミリ秒を遡り、「少年が飛び出してきた瞬間、それを見た自分は、慌ててブレーキを踏んだ」と記憶を巧妙に書き換える点だ。つまり君は、書き換えられた「幻想」をあたかも事実であったかのように「意識」しているんだよ。

経済学部C　要するに、少年を見てブレーキを踏むという行動は、私の「意識」を無視して「無意識」が勝手に行っていた。ところが、すべてが終わった後に、あたかも私の「意識」の命令で行動したかのように、後付けのイメージ処理がなされるということですか?

科学哲学者　そのとおり。さきほど「意識」が「脳の創り上げた幻想」だと言ったのは、そういう意味だ。

法学部B　もしそういうことであれば、たとえば僕が誰かを殺したとしても、それは僕の「無意識」が悪いのであって、その犯行の瞬間を「意識としての自己」は知りませんでしたということになりませんか？

科学哲学者　なかなか興味深い質問だ。実は、もっと驚かせるかもしれないが、神経生理学的な見地から、「意識」というよりも「自己」という概念そのものが「脳の創り上げた幻想」だと考えている科学者もいるんだ。

もともと脳は、すばらしい幻想を生み出す機能を持っている。たとえば、一枚の写真は、実は、二次元平面にいろいろな色のインクの点が並んでいるだけの物質だが、君たちの脳は、これを三次元画像としてイメージするだろう？

さらに、これらの二次元画像をまとめて高速で動かす映画では、もっと立体的な三次元映像を実感できる。だから「自己」という概念も、脳によって写真や映像のように複雑に構成された「幻想」だという考え方もあるわけだ。

カミュ

理学部D　やはり自然科学はすばらしいですね。神経生理学で実験的にそこまで立証されていたとは……。

科学哲学者　しかしね、科学だけでは不十分だ。それを最後に話しておこう。

フランスの哲学者アルベール・カミュは、一九四二年に発表した『シーシュポスの神話』の冒頭で、「真に重大な哲学上の問題はひとつしかない。自殺ということだ。人生が生きるに値するか否かを判断する、これが哲学の根本問題に答えることなのである」と述べている。[50]カミュによれば、自殺の問題に比べれば、真理の追究は「遊戯」にすぎない。たとえば、地球と太陽のどちらがどちらを回るのか？　カミュは、そのような「本質」に関する問題は、人間に与えられた「実存」に比べれば、どちらでもいいことであり、「取るにたらない疑問」にすぎないと述べている。

理学部D　真理の追究が「遊戯」で「取るにたらない疑問」？

　僕たち人類にとって最も重要な目的は、真理の追究じゃないんですか？

科学哲学者　たとえば、ガリレオを考えてみよう。彼は「地動説」が真理であることを知っていたにもかかわらず、当時のキリスト教会の異端審問所で拷問にかけると脅されて、生命の危険が迫ると「地動説」を放棄した。

　自分の生命があるからこそ人は真理を主張できるわけだから、その生命に関する議論の方が差し迫っているというのがカミュの論法だ。彼によれば、もちろんガリレオの自説撤回は正しい。「実存は本質に優先する」のだから、当然のことだよ。

文学部Ａ　「実存は本質に優先する」というのは、どういう意味ですか？

科学哲学者　「実存」とは「現実存在」のことで、要するに、我々がこの世界に現実に存在しているということだ。これは、カミュと同時代に活躍したフランスの哲学者ジャン＝ポール・サルトルの言葉で、文字どおり、先立つのは「実存」であって、「本質」は後付けにすぎないということだ。

　人間は、世界に何らかの意味を求めようとする。科学者や哲学者、宗教家や芸術家も、この世界には何らかの意味や目的があると信じて、「真理」や「正義」、「神」や「美」を追究する。それらが世界の「本質」に違いないと勝手に想定しているわけだが、そんなものがあるという保証はない。

文学部Ａ　とすると、この世界には意味がないということですか？

科学哲学者　意味がないかもしれない。多くの人間が、この世界には何らかの意味があると思い込んでいるが、カミュは、そのこと自体が根本的に間違っているかもしれないと主張しているわけだ。

　地球上では、無数の生命が繁殖を続け、進化してきた。進化論的に明らかなことは、なぜか種は本能的に生き延びようとして、遺伝子を残そうとすることだ。しかし、それに意味や理由があるのか？
　ハッキリしていることは、世界に無数の生命の「実存」があることだ。それなのに人間は、そこに何らかの「本質」を懸命に探し求めている。それをカミュは「不条理」と呼んだ。

文学部A　私たち人間は、何らかの「本質」に頼らなければ、不安になるからではないでしょうか。

医学部E　たしかに、人間には弱い面があるからね。とくに病気になったりすると、何らかの「本質」を求めるようになるのかもしれない。

科学哲学者　カミュの『シーシュポスの神話』の主題となっている「シーシュポス」とは、最も聡明であるにもかかわらず、それゆえに神々を侮辱したため、罰を与えられた人間だ。
　その罰とは、休みなく岩を転がして山の頂まで運び上げ、山頂に達した岩が自らの重みで麓まで転がり落ちると、再び岩を山頂まで運び上げ、再び岩は転がり落ちて、また岩を転がし、ということを永遠に繰り返すという罰だ。
　カミュは、「死へ向かう一方で生きなければならない人間」が、シーシュポスに与えられた罰と同じように「不条理」な存在だとみなしているわけだ。

法学部B　しかし、ガリレオは信念を曲げましたが、拷問されても、最後は火刑に処せられたとしても、自分の信念を曲げなかった人間はたくさんいますね。しかも、一般には信念を曲げなかった人間を英雄視する傾向が強い。

これまでの人類の長い歴史を考えてみると、むしろ自分の信念を貫いたために死んだ人間の方が多いように思いますが、それも「不条理」なのでしょうか？

科学哲学者　それこそが、まさに不条理じゃないか！

歴史を振り返ると、「自分が生きるに値するための理由」を持つ人間同士が、その理由のために殺し合うことがある。たとえば、敬虔なキリスト教徒とイスラム教徒は、どちらも「自分が生きるに値するための理由」を「信仰」と答える。そして、まさにその理由のために、今でも戦闘状態にある紛争地帯が、地球上に幾つもあるんだからね。

カミュは、「自分が生きるための理由」が「自分が死ぬための理由」になっていることこそが、人間に内在する「自己矛盾」だと指摘している。

形而上学的反抗

文学部A　この世界がカミュの言うように「不条理」だとして、それでは私たちは、どうすればいいいんでしょうか？

科学哲学者　カミュによれば、不条理に対処する方法は三つ考えられる。

第一の方法は「自殺」で、これは実行すれば自分がこの世界から消滅するわけだから、不条理も同時に消え去ることになる。しかし、実存する人間は、何よりも根源的に生を欲するはずだから、それを超えてまで自殺を肯定する思想は存在しないとカミュは結論付けて、この方法を拒否する。

医学部E　自殺を「自由な死」と呼んで、人間の自己決定権の当然の行使だと主張した哲学者もいましたよね？

科学哲学者　それは、ニーチェだ。しかし、カミュにとって、自殺は「不条理」からの「逃避」であり、真の自由に逆行する行為だから、その意味でも自殺は受け入れられないことになる。

第二の方法は「盲信」で、これは不条理を超えた何らかの「理由」を信じることだ。その理由として考えられる代表が、「宗教」と「科学」だろう。

この世界で、いかなる「不条理」に遭遇しても、それは「全知全能の神の与えた試練」だとか、「科学的あるいは合理的な理由」があるはずだとみなせば、それは実質的には「不条理」ではなくなる。つまり、何らかの「本質」を「実存」に優先して信じる方法だ。

理学部D　ちょっと待ってください。そこで「全知全能の神の与えた試練」と「科学的あるいは合理的な理由」を並べるのは、おかしくないですか？

もちろん僕は、必ずしも科学が人間の抱えている問題すべてを解決できるとは思っていませんが、それでも、何かを勝手に信じ込む「信仰」と、証拠に基づく「科学」は、まったく別物でしょう。

そもそも、世界が「不条理」であることを前提に議論を進めることに問題があるんじゃないですか？　世界が「合理的」であることを前提にしなければ、科学は意味をなさないわけですから……。

科学哲学者　なかなか鋭い指摘だ。君の意見もよくわかるんだが、科学者の「証拠」が間違っていたり、科学者がデータを捏造するような事件もあるだろう？

カミュにとっては、「信仰」も「科学」も、「生きていく」という実存の前では、同じように役に立たない。たとえば、「不治の病」そのものは「信仰」も「科学」も救うことができない。この「不治の病」に罹った人間は、死ぬしかない。それが「実存」だというわけだ。

医学部E　たしかに「実存」という言葉は、重いですね。

科学哲学者　カミュは、「宗教」にしても「科学」にしても、そのような「本質」が存在するという根拠を認めなかった。カミュによれば、「宗教」や「科学」を「盲信」することは「哲学的自殺」に相当するわけだ。

文学部A　それで、「不条理」から逃れる最後の方法は何でしょうか？

科学哲学者　第三の方法は、「反抗」だ。これは、世界が「不条理」であることをそのまま認めて、真実を包括するような科学的・合理的あるいは宗教的な「本質」も存在しないことを理解し、さらに人生に意味がないことを受け入れ、そのうえで「反抗」することで、これをカミュは「形而上学的反抗」と呼んだ。

文学部A　その「形而上学的反抗」とは、どういう意味ですか？

科学哲学者　カミュは、一九五一年に発表した著作『反抗的人間』において、「形而上学的反抗」とは「人間が生まれながらに与えられた条件に対して立ち上がる行動である」と定義し、「形而上学的反抗者は、創造によって欺かれたと宣言する」と述べている。[51]

文学部A　その「創造」というのは、神による創造説のことですか？

科学哲学者　そのように解釈することもできるだろう。

ただ、ここでカミュが「欺かれた」と言っているのは、我々人間が、この不条理な世界に勝手に「創造」されたことを指している。我々は、いわば世界に投げ出されて存在しているわけだが、それに対して「反抗」を「宣言」する趣旨と考えればいいだろう。

医学部E　まだわからないんですが、その「反抗」は誰に対してするんですか？

僕らを生んだ両親とか祖先に対して？

科学哲学者　いやいや、そういう卑近な話じゃない。

我々は、生まれた時点で、海を漂っている船に乗っているようなものだ。そもそも、なぜ海にいるのか、なぜ自分が船に乗っているのか、どこに行くのかもわからない。とにかく生まれた以上、生きていくために、雨水を飲んで、魚を食べて、船を修理しながら漂っていく他に道はない。

カミュが「形而上学的反抗」と言っているのは、その与えられた「不条理」な状況そのものを安易に受け入れるのではなく、まず「反抗」して、次に何ができるか考えてみようということだろう。

文学部A　カミュの話を伺っていると、すごく文学的な感覚がします。

科学哲学者　彼は、一九五七年に四三歳の若さで「ノーベル文学賞」を受賞しているくらいだから、哲学者というより文学者と呼んでもいいかもしれない。

カミュは、「我反抗する、ゆえに我々在り」と述べている。もちろんこれは、デカルトの

「我思う、ゆえに我在り」のアナロジーだが、ここで注意してほしいのは、「我」の反抗が「我々」の存在につながるという結論だ。つまり彼は、反抗の「連帯意識」による「存在」を説いているんだよ。

カミュは、紀元前ローマのスパルタカスの反抗に始まる「歴史的反抗」のように、一人の「反抗」が「連帯意識」に広がって「革命」につながる過程を理想像とみなしていた。おそらく彼は、「形而上学的反抗」が、理解し合える人間同士をつなぐと考えていたんだろう。

経済学部C　『スター・ウォーズ』で、あらゆる種族の宇宙人たちが反乱軍で一緒に戦うのと同じ感覚！

自分とは何か

科学哲学者　さて、君たちの「自分とは何か」という質問に対して、過去の哲学者の見解を話してきたが、少しはヒントになったかね？

文学部A　私は、ソクラテスの「私は無知である」の真意がわかってよかったです。いくら勉強しても「無知」のままだとは思いますが、就職してからも、勉強は続けるつもりです。それから、文学作品ばかりでなく、科学雑誌も読んでみようと思います。

法学部Ｂ　僕は、ソクラテスからプラトンにいたる「私は魂である」という考え方、とくに「徳」で魂を磨くという人生観に興味を持ちました。彼らのいう道徳的な「善」が「法」とどのように関係するのか、考えてみたいですね。プラトンの『国家』も読んでみるつもりです。彼の「ダークサイド」を知りたくなったので。

経済学部Ｃ　私が共感したのは、カミュの「私は反抗的人間である」かな。たしかに人間は、海に勝手に投げ出されているみたいな存在で、それを受け入れるのが当然だとか、それがすばらしいことなんだと教えられるけど、逆に、そういう話を疑って「反抗」するという発想もあると思った。おもしろかったです！

理学部Ｄ　僕は、デモクリトスの「私は原子である」が強く印象に残っています。僕も彼のように、自然現象を突き詰めて考えてみたいと思いました。ここで話しているうちに、中途半端な気持ちでは研究できないことに気付きましたから、大学院進学に絞って卒業研究を進める決心がつきました。

医学部Ｅ　僕が何よりも驚いたのは、リベットの「私は幻想である」という見解ですね。「意識」の問題に、自然科学がこんなに踏み込んでいるとは知らなかった。その一方で、何もない時代のデカルトが「方法論的懐疑」だけで「意識」に到達したのも立派だと思います。

今日のお話を伺って、本当に人間はすばらしいなと思えてきました。

科学哲学者　「自分とは何か」という問題は、君たちに一生ついて回るだろう。ただ、この問題を考えているのは、君たちだけではなく全人類だからね。あらゆる人々が、この問題を考え続けて、無数の答えが生み出されているわけだ。もし困ったら、自分一人で悩まずに、身近な人や書物に相談してみることだよ。

一同　ありがとうございました。

おわりに

本書に登場する「文学部A・法学部B・経済学部C・理学部D・医学部E」の大学生五人組は、二〇〇七年発行の拙著『哲学ディベート』で創作したキャラクターである。本書で新たに登場した「就職アドバイザー・心理カウンセラー・科学哲学者」の三人を含めて、登場人物はすべて、議論の展開に都合がよいように創作した仮想人格であり、特定のモデルが現実に存在するわけではないことをお断りしておきたい。

さて、晩年の孔子は、『論語』において次のように述べている。「吾十有五にして学に志す、三十にして立つ、四十にして惑わず、五十にして天命を知る、六十にして耳順《したが》う、七十にして心の欲する所に従えども、矩《のり》を踰《こ》えず[52]」

「私は一五歳で学問を志し、三〇歳で独立し、四〇歳になってあれこれと迷わず、五〇歳になって天命を知り、六〇歳で人の言葉に素直に耳を傾け、七〇歳で思うままに生きても人の道から外れなくなった」という趣旨である。

ここに孔子を引用した理由は、孔子の業績を称えるためではなく、単純に彼が「年齢に応じて、自分は変わった」と素直に述べているからである。

一般に「自己分析」という言葉を使う際に見過ごされているのは、「自己分析」の「自己」が、どの時点の「自分」を指すのかという点である。何歳の「自分」なのか、昨日の「自分」なのか今日の「自分」なのか。もっと言えば、今朝の「自分」と今夜の「自分」でさえ、何らかの出来事によって、大きく変化している可能性がある。

誰でも自分の誕生期・幼児期・少年期・青年期といった過去の写真を見比べてみれば、外見上の「自己」が別人に移り変わっていく経緯がわかるだろう。ところが、いかに外見が変化しても、内面には「確固たる不滅の魂」としての「自己」が存在するというのが、古代ギリシャ時代から続くソクラテス的な見解である。心理学でも、人間が「自己アイデンティティ」あるいは「自己同一性」を保つことは、既成事実のように扱われている。

しかし、神経生理学的に考えると、人間の「脳神経系」は外界からの刺激によって常に機能的・構造的に柔軟に変化する「可塑性」という性質を持つことがわかっている。つまり、実は外見だけではなく、内面の「自己」も大きく変化し続けているわけである。

これは『哲学ディベート』の中で「自己決定権」との関連で詳しく議論した結論だが、「自己」は確定的ではなく、実際にはいくらでも「揺らぐ存在」といえる。[53]

逆に言えば、**「自己」はいくらでも生まれ変わることができる**のである！

この言葉を、過去に成果をあげられなかったり、現在に不満があったり、あるいは未来に夢を抱けない読者に贈りたいと思う。

「はじめに」で述べたように、本書には、大学生諸君から受けたさまざまな質問や、逆に教えてもらった経験談が多く組み込まれている。これまで情報提供してくださった大学生と大学院生諸君に、深く感謝したい。

青山学院大学・お茶の水女子大学・國學院大學・城西国際大学・上智大学・多摩大学・東京大学・東京医療保健大学・東京女子大学・日本大学・放送大学・山梨医科大学・立教大学の受講生諸君、どうもありがとう！

光文社新書編集部の古川遊也氏には、『反オカルト論』に引き続き、大変お世話になった。毎度のことだが、結果的に、当初の執筆スケジュールを大幅に超過してしまったことをお詫びしたい。

國學院大學の同僚諸兄、ゼミの学生諸君、情報文化研究会のメンバー諸氏には、さまざまな視点からヒントや激励をいただいた。それに、家族と友人のサポートがなければ、本書は完成しなかった。助けてくださった皆様に、心からお礼を申し上げたい。

二〇二〇年二月二三日

高橋昌一郎

参考文献

本書で引用した時事的な文献については、以下に出典を示してある。その他、本書で用いた事実情報は、原則的に以下に挙げた文献やサイトから得たものである。本書で扱った話題は多岐にわたり、参考文献も際限なく挙げることができるのだが、代表的な文献と読者の入手しやすい推奨図書を優先してあることをご了承いただきたい。

1　石渡嶺司『キレイゴトぬきの就活論』新潮新書、二〇一七年、石渡嶺司・大沢仁『就活のバカヤロー』光文社新書、二〇〇八年、杉村太郎・熊谷智弘『絶対内定二〇二〇』ダイヤモンド社、二〇一八年、田中研之輔『先生は教えてくれない就活のトリセツ』ちくまプリマー新書、二〇一八年参照。

2　講談社「二〇一九年度入社採用筆記試験」（https://kodansha.saiyo.jp/2019/contents/exam/）より引用。

3　前掲サイトより引用。

4　日本経済団体連合会「採用選考に関する指針」二〇一八年三月一二日改定版（http://www.keidanren.or.jp/policy/2018/015.html）より引用。

5　講談社「二〇一九年度定期採用データ」（https://kodansha.saiyo.jp/2020/contents/guide/）より引用し加筆修正。

6　古今亭志ん朝「芝浜」（https://www.youtube.com/watch?v=Su-zPNeZSns）参照。

7　文部科学省・厚生労働省・経済産業省「インターンシップの推進に当たっての基本的考え方」（改定版）（http://www.mext.go.jp/component/a_menu/education/detail/__icsFiles/afieldfile/2015/12/15/1365292_01.pdf）より引用。

8　ニコニコニュース「まさに因果応報!?: 内定辞退を『お祈りメール形式』で送った就活生に拍手喝采」（2014/09/16）（https://news.nicovideo.jp/watch/nw1236114）より引用し加筆修正。

9　厚生労働省「若年者の就職能力に関する実態調査」（https://www.mhlw.go.jp/houdou/2004/01/h0129-3.html）より引用。

10　経済産業省「社会人基礎力」（https://www.meti.go.jp/policy/kisoryoku/index.html/）より引用。

11　本章では、榎本博明・安藤寿康・堀毛一也『パーソナリティ心理学』有斐閣アルマ、二〇〇九年、小塩真司『性格を科学する心理学のはなし』新曜社、二〇一一年、高橋昌一郎監修『コミュニケーション論』情報文化研究会、二〇〇三年参照。

12　トニー・ブザン／佐藤哲・田中美樹訳『頭が良くなる本』東京図書、二〇〇六年、トニー・ブザン／近田美季子監修・石原薫訳『マインドマップ』小学館集英社プロダクション、二〇一八年参照。

13　「無料マインドマップ作成ソフト」（https://freesoft-100.com/pasokon/mind-map.html）参照。

14　ジェームズ・ペネベーカー／獅々見照・獅々見元太郎訳『こころのライティング』二瓶社、二〇〇七年参照。

15　嶋田利広・尾崎竜彦・川崎英樹『実践ＳＷＯＴ分析』マネジメント社、二〇一七年、山田英夫『ビジネス・フレームワークの落とし穴』光文社新書、二〇一九年参照。

16　武藤雪下編著『幸せをよぶ心理学』北大路書房（二〇〇三年）より引用して加筆修正。

17　文化庁「敬語おもしろ相談室」（https://www.bunka.go.jp/seisaku/kokugo_nihongo/kokugo_shisaku/keigo/）より引用して加筆修正。

18　Michael Canale and Merrill Swain, "Theoretical Bases of Communicative Approaches to Second Language Teaching and Testing," *Applied Linguistics*: 1, 1-47, 1980.「談話能力」は下記論文で加えられた。Michael Canale, "From Communicative Competence to Communicative Language Pedagogy," in J. Richard and R. Schmidt (Eds.), *Language and Communication*, London: Longman, 2-14, 1983.

19　高橋昌一郎『〈デマに流されないために〉哲学者が選ぶ「思考力を鍛える」新書！・』（https://honsuki.jp/series/shikouryokuwokitaeru）参照。

20　竹内一郎『人は見た目が9割』新潮新書、二〇〇五年、竹内一郎『結局、人は顔がすべて』朝日新書、二〇一六年参照。

21　Hazel Markus and Shinobu Kitayama, "Culture and the self: Implications for cognition, emotion, and motivation," *Psychological Review*: 98 (2), 224-253, 1991.

22　菊池聡『「自分だまし」の心理学』祥伝社新書、二〇〇八年参照。なお、このセクションについては、高橋昌一郎『哲学者が選ぶ「思考力を鍛える」新書！・第一〇回なぜ人は自分をだますのか？・』（https://honsuki.jp/series/shikouryokuwokitaeru/12897.html）と重複した記述がある。

23　エイブラハム・ツワルスキー／笹野洋子訳『スヌーピーたちの性格心理分析』講談社プラスα文庫、二〇〇一年参照。

24　Edward Higgins, "Self-discrepancy: A theory relating self and affect," *Psychological Review*: 94, 319-340, 1987.

25　高橋昌一郎『反オカルト論』光文社新書、二〇一六年参照。

26　河合隼雄『ユング心理学入門』培風館、一九六七年参照。

27　Raymond Cattell, *Description and Measurement of Personality*, New York: World Book, 1946.
Raymond Cattell, *Personality: A Systematic Theoretical and Factual Study*, New York: McGraw Hill, 1950.

28　Lewis Goldberg, "An alternative 'description of personality': The Big-Five factor structure, *Journal of*

Personality and Social Psychology: 59, 6, 1216-1229, 1990.
Lewis Goldberg, John Johnson, Herbert Eber, Robert Hogan, Michael Ashton, Robert Clonginger and Harrison Gough, "The international personality item pool and the future of public-domain personality measures," *Journal of Research in Personality*: 40 (1), 84-96, 2006.

29 「NEO-PI-R下位特性」表は、小塩真司『性格を科学する心理学のはなし』新曜社、二〇一一年、八三ページより引用。

30 村上宣寛「日本語におけるビッグ・ファイブとその心理測定的条件」『性格心理学研究』第一一巻第二号、二〇〇三年、七〇～八五ページ参照。

31 IBM「Personality Insights」
(https://www.ibm.com/watson/jp-ja/developercloud/personality-insights.html) 参照。

32 レイモンド・スマリヤン／高橋昌一郎訳『哲学ファンタジー』ちくま学芸文庫、二〇一三年、五九ページより引用。

33 山田洋次監督・渥美清主演の映画『男はつらいよ』は一九六九年第一作から二〇一九年第五〇作までの全五〇作品が公開されている。

34 クセノフォーン／佐々木理訳『ソークラテースの思い出』岩波文庫、一九七四年およびアリストパネース／高津春繁訳『雲』岩波文庫、一九七七年参照。

35 プラトン／三嶋輝夫訳『ラケス』講談社学術文庫、一九九七年参照。

36 プラトン／久保勉訳『ソクラテスの弁明・クリトン』岩波文庫、一九六四年参照。

37 プラトン／藤沢令夫訳『メノン』岩波文庫、一九九四年参照。

38 プラトン／藤沢令夫訳『国家』岩波文庫、上・下巻、一九七九年参照。

39 藤沢令夫責任編集『世界の名著9：ギリシャの科学』中公バックス、一九八〇年参照。

40 寄藤文平『元素生活』化学同人、二〇一七年参照。

41 エピクロス／出隆・岩崎允胤訳『教説と手紙』岩波文庫、一九五九年参照。

42 マーク・ローランズ／筒井康隆監修／石塚あおい訳『哲学の冒険』集英社インターナショナル、二〇〇四年参照。

43 仙台市広報「映画『スターウォーズ』のダースベイダーは伊達政宗の兜をモデルに制作された…?」(https://archive.is/20070208041057/http://www.city.sendai.jp/soumu/kouhou/s-new9/page01.html) 参照。

44 藤倉善郎『「カルト宗教」取材したらこうだった』宝島社新書、二〇一二年参照。なお、このセクションについては、高橋昌一郎『哲学者が選ぶ「思考力を鍛える」新書！第三回なぜカルト問題は他人事ではないのか?』(https://honsuki.jp/series/shikouryokuwokitaeru/8648.html) と重複した記述がある。

45 バートランド・ラッセル／市井三郎訳『西洋哲学史』みすず書房、一九六九年参照。

46 野田又夫責任編集『世界の名著22：デカルト』中公バックス、一九六七年参照。

47 ルネ・デカルト／山田弘明訳『省察』ちくま学芸文庫、二〇〇六年参照。

48 レイモンド・スマリヤン／高橋昌一郎訳『哲学ファンタジー』ちくま学芸文庫、二〇一三年、六一～六二ページより引用。

49 ベンジャミン・リベット／下條信輔訳『マインド・タイム』岩波書店、二〇〇五年参照。

50 アルベール・カミュ／清水徹訳『シーシュポスの神話』新潮文庫、一九六九年参照。なお、このセクションの記述については、高橋昌一郎『感性の限界』講談社現代新書、二〇一二年と重複した記述がある。

51 アルベール・カミュ／佐藤朔・高畠正明訳『反抗的人間』新潮社、一九七三年参照。

52 貝塚茂樹責任編集『世界の名著3：孔子・孟子』中公バックス、一九六六年参照。

53 高橋昌一郎『哲学ディベート』ＮＨＫブックス、二〇〇七年参照。

高橋昌一郎（たかはししょういちろう）

國學院大學教授。専門は論理学・哲学。著書は『理性の限界』『知性の限界』『感性の限界』『ゲーデルの哲学』（以上、講談社現代新書）、『反オカルト論』（光文社新書）、『愛の論理学』（角川新書）、『東大生の論理』（ちくま新書）、『改訂版 小林秀雄の哲学』（朝日新書）、『哲学ディベート』（NHK ブックス）、『ノイマン・ゲーデル・チューリング』（筑摩選書）、『科学哲学のすすめ』（丸善）など。情報文化研究所所長、JAPAN SKEPTICS 副会長。

自《じ》己《こ》分《ぶん》析《せき》論《ろん》

2020年3月30日初版1刷発行

著　者 —— 高橋昌一郎
発行者 —— 田邉浩司
装　幀 —— アラン・チャン
印刷所 —— 堀内印刷
製本所 —— ナショナル製本
発行所 —— 株式会社光文社
東京都文京区音羽1-16-6（〒112-8011）
https://www.kobunsha.com/
電　話 —— 編集部03（5395）8289　書籍販売部03（5395）8116
業務部03（5395）8125
メール —— sinsyo@kobunsha.com

 ISBN 978-4-334-04464-0

光文社新書

1043
アルゲリッチとポリーニ
ショパン・コンクールが生んだ2人の「怪物」
本間ひろむ

「生きる伝説」2人はどんな人生を歩み、演奏スタイルを追求してきたのか。音楽的事象を軸に綴りながら、20世紀後半から現在までのクラシック音楽史を描き出す。【名盤紹介付き】

978-4-334-04453-4

1044
アイロニーはなぜ伝わるのか？
木原善彦

「言いたいことの逆」を言っているのに、なぜ相手に意図が伝わるのか？　人間が操る修辞の、技術的な結晶であるアイロニーの可能性を、古今東西の文学を通じて探っていく。

978-4-334-04454-1

1045
21世紀落語史
すべては志ん朝の死から始まった
広瀬和生

「志ん朝の死」で幕を開けた21世紀の落語界。その現在に至るまでの出来事を、落語ファンとして客席に足を運び続けた立場から振り返り綴る。「激動の時代」を後世に伝える一冊。

978-4-334-04455-8

1046
中学の知識でオイラーの公式がわかる
鈴木貫太郎

天才の数式は最低限の知識で誰でもわかる。数学0点で再生2200万回超のユーチューバーが保証。動画もあるから迷わない。目指すのは丸暗記ではなく真の理解。予習ナシで今出発！

978-4-334-04456-5

1047
御社の新規事業はなぜ失敗するのか？
企業発イノベーションの科学
田所雅之

「3階建て組織」を実装できれば、日本企業はイノベーティブに生まれ変わる――ベストセラー『起業の科学』の著者が大企業に舞台を移し、新規事業を科学する！

978-4-334-04457-2

光文社新書

1048
首都圏大予測
これから伸びるのはクリエイティブ・サバーブだ！
三浦展

本当に人を集める力のある街はどこか？　首都圏在住者への大規模調査とフィールドワークを通じてわかった、東京郊外の趨勢を忖度なしの徹底予測。

978-4-334-04451-0

1049
体育会系
日本を蝕む病
サンドラ・ヘフェリン

パワハラ・忖度・過労自殺・組体操事故・#KuToo…不合理な同調圧力は学校から始まる。愛する日本が先進国であるために、負の連鎖を破る特効薬を日独ハーフの作家が緊急提言！

978-4-334-04458-9

1050
ONE TEAM《ワンチーム》のスクラム
日本代表はどう強くなったのか？
増補改訂版『スクラム』
松瀬学

2019年の流行語大賞にも輝いた「ONE TEAM」。その象徴はスクラムだ。長谷川慎コーチ、堀江翔太、稲垣啓太、具智元が明かす、フィジカル勝負、心理戦、頭脳戦の攻防。

978-4-334-04460-2

1051
段落論
日本語の「わかりやすさ」の決め手
石黒圭

段落を意識すると、文章力はもちろん、読む力や話す力までも伸ばすことができる——思考をわかりやすく整理してくれる「段落」の可能性を、日本語研究の第一人者が明らかにする。

978-4-334-04461-9

1052
期待値を超える
僕が失敗しながら学んできた仕事の方法
松浦弥太郎

情けない失敗だって、むしろチャンスなんだ。仕事で苦しい思いを抱えていても、自信は取り戻せる。元『暮しの手帖』編集長による、勇気がわいて少しだけ前向きになれる仕事論。

978-4-334-04462-6